Michael Pasdzior · Jens Meyer-Odewald

Leuchtturm

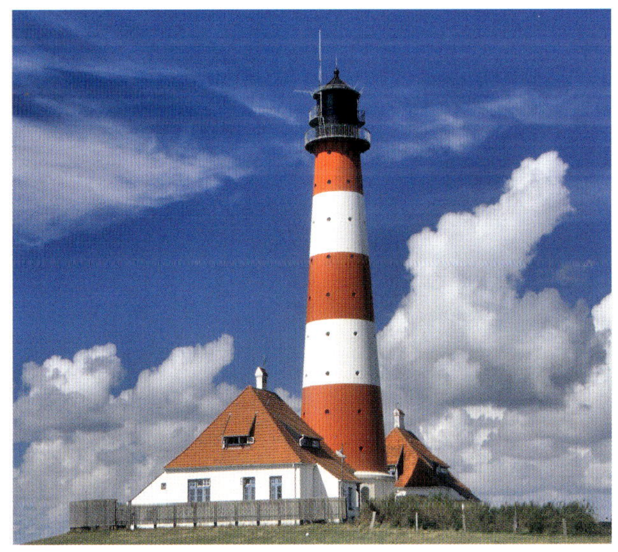

Westerheversand

Eine Reise durch Licht und Zeit

Husum

Inhalt

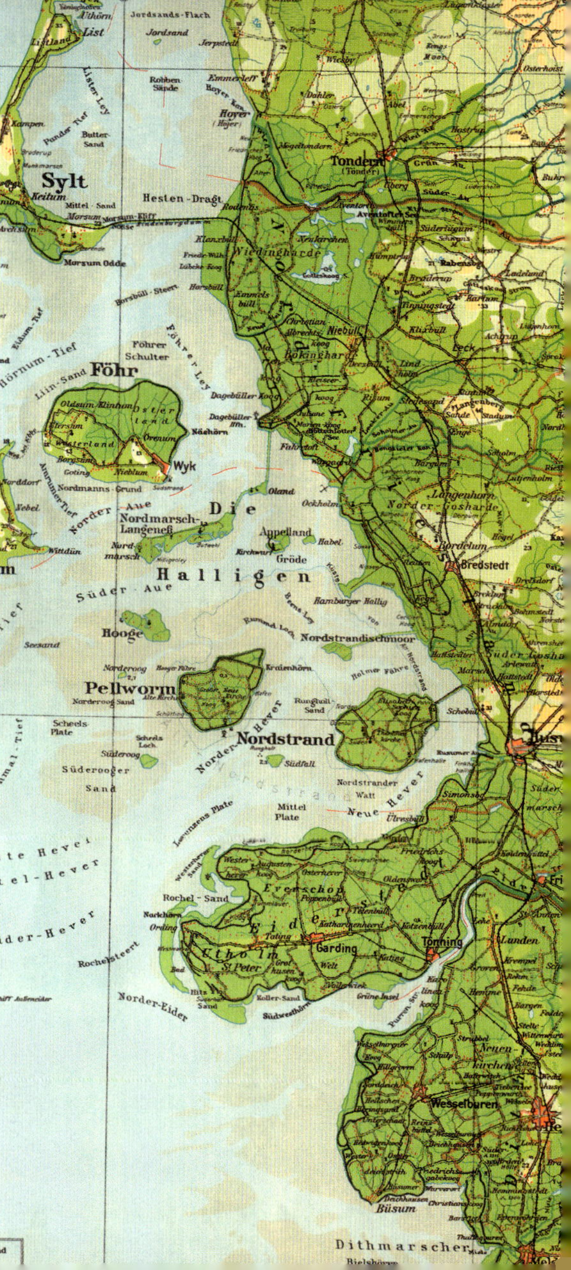

Jordsands-Flach
Sylt
Hesten-Dragt
Tondern
Föhr
Wyk
Föhrer Schulter
Hörnum-Tief
Niebüll
Die
Halligen
Nordmarsch-Langeneß
Oland
Appelland
Gröde
Hooge
Pellworm
Nordstrand
Nordstrandischmoor
Bredstedt
Süder-Aue
Norder-Aue
Südfall
Süderoog
Süderooger Sand
Mittel Plate
Neue Hever
Rochel-Sand
Garding
Tönning
Norder-Eider
Wesselburen
Büsum
Dithmarscher

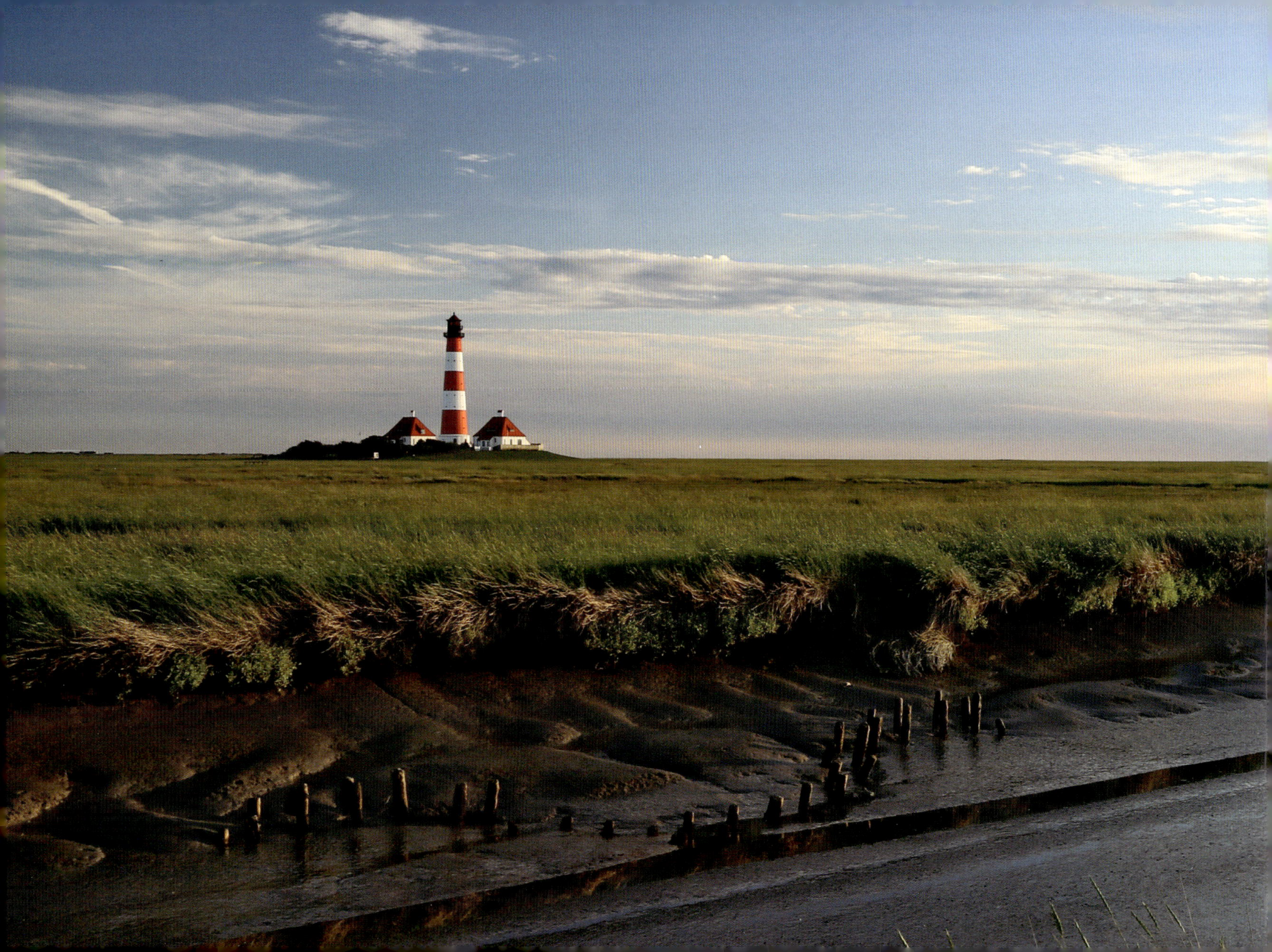

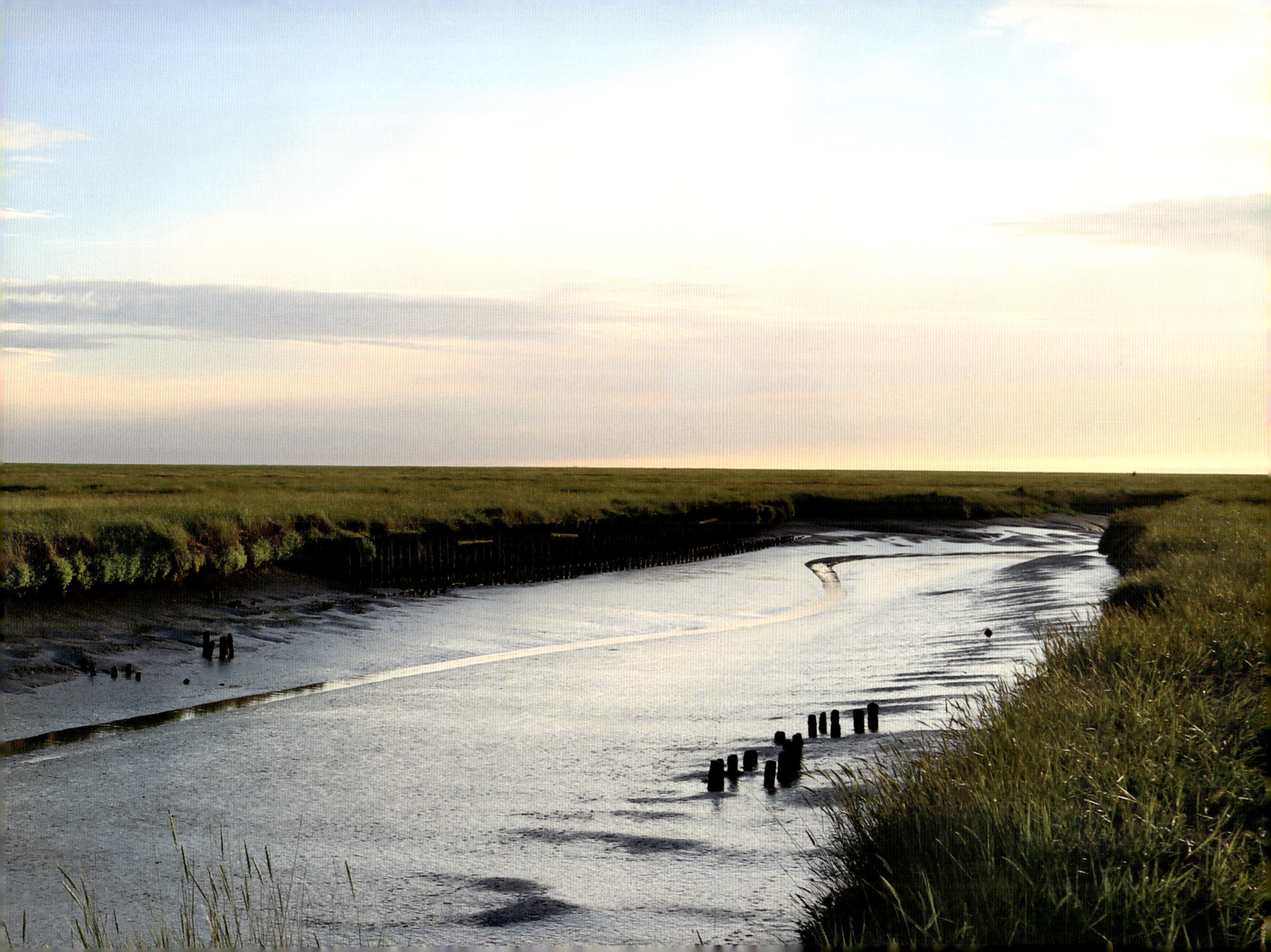

Widmung

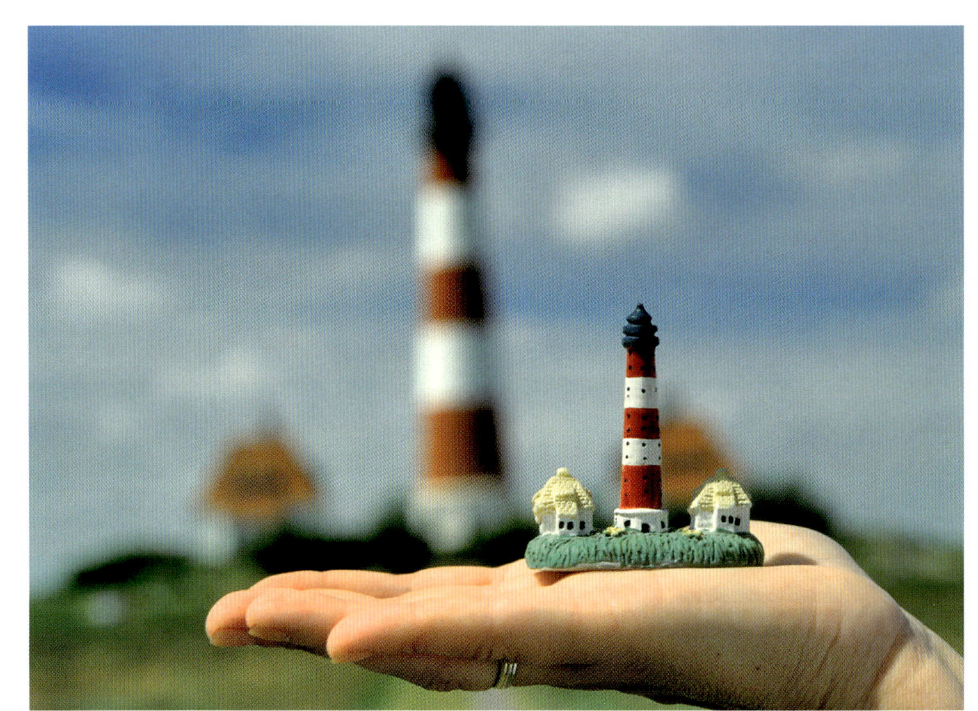

Dieses Buch
widme ich allen
Leuchtturmliebhabern,
Eiderstedtfans und
meiner Frau Birgit

Michael Pasdzior

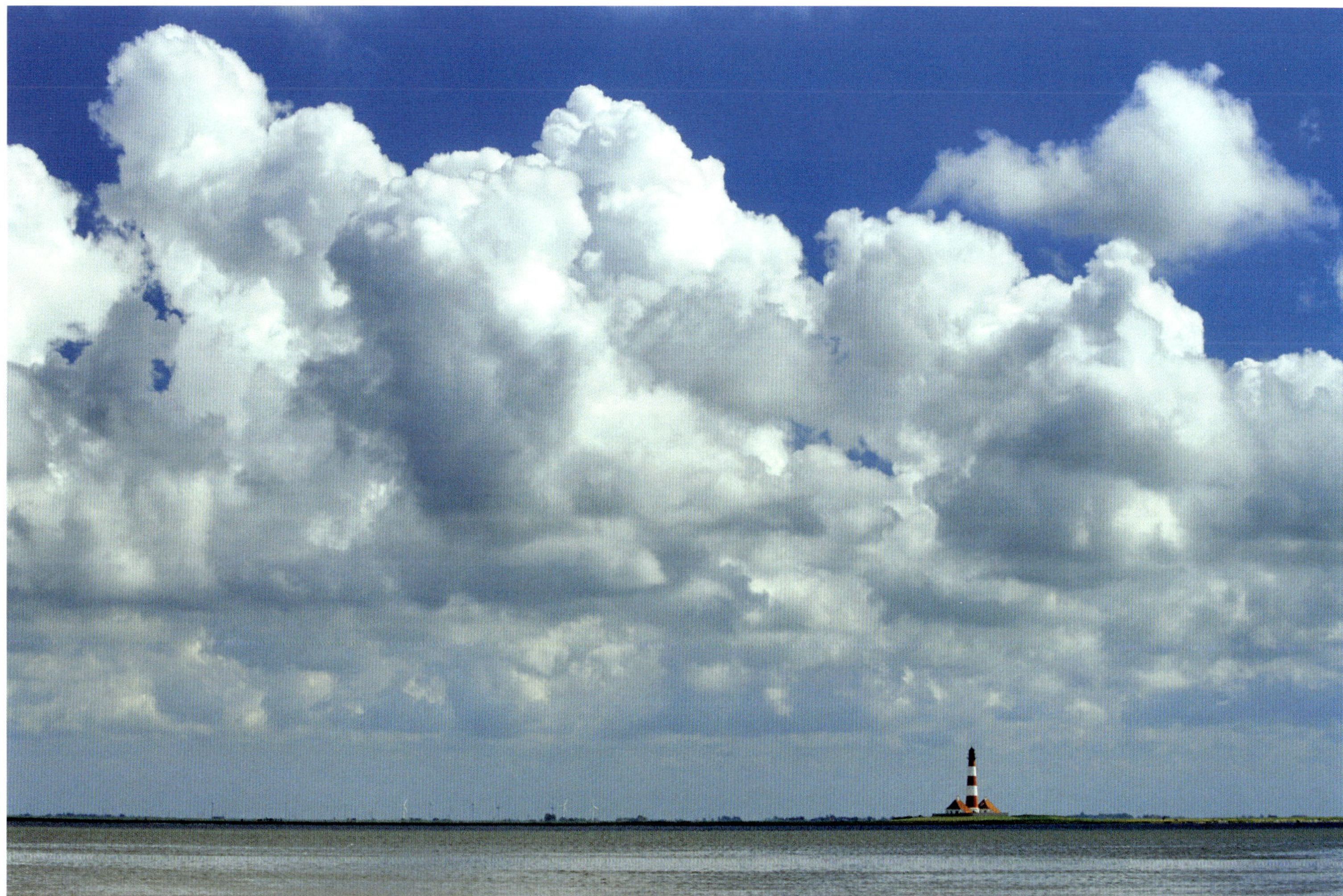

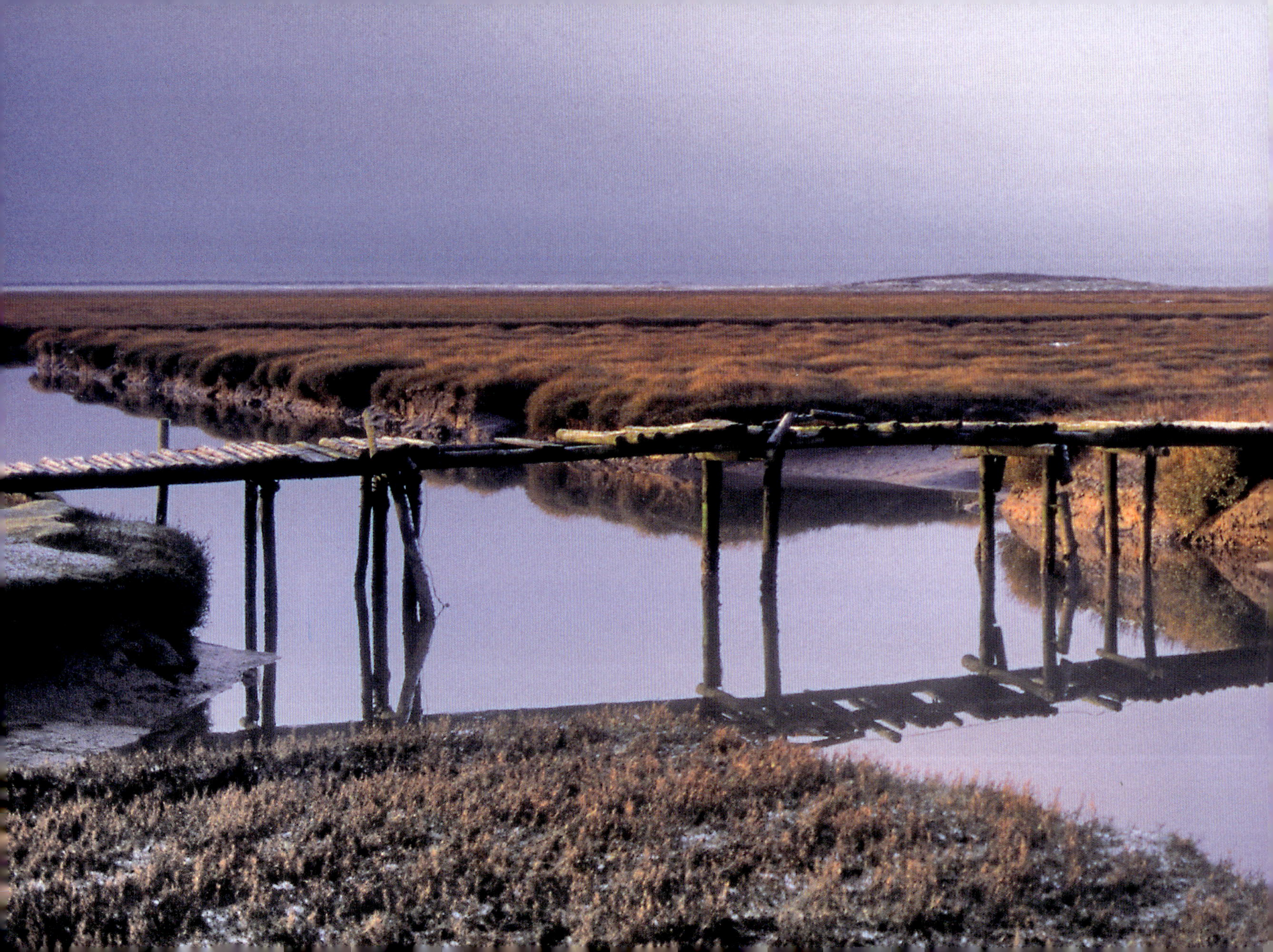

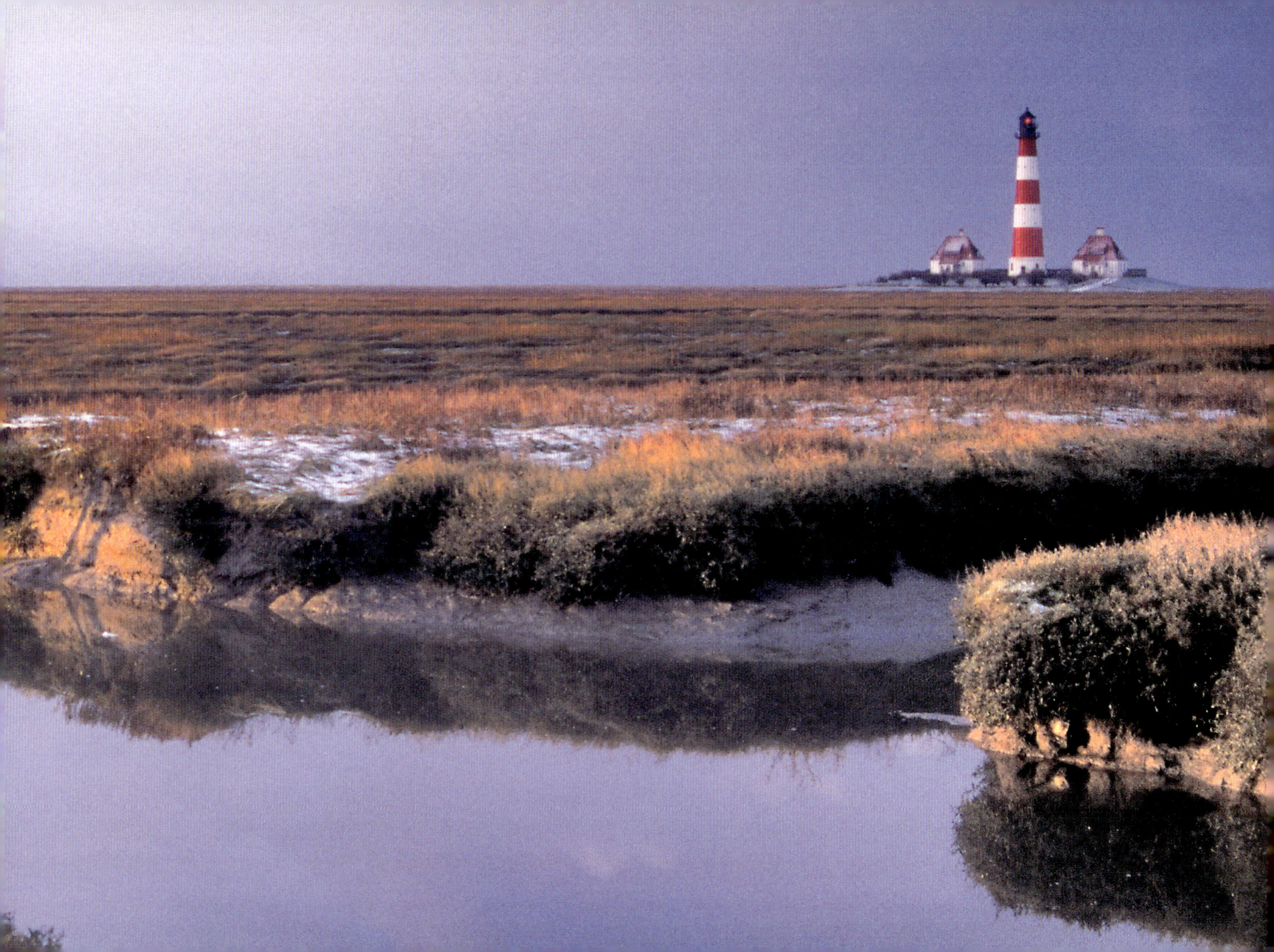

Die Sinne

Wenn bizarre Reize die Sinne bezirzen

Mit dem Leuchtturmwärter durch Licht und Zeit

Ein bisschen ist es so wie bei einer großen Liebe: Sie betört dich schon von Weitem, und wenn du dich näherst, zieht sie dich immer magischer an. Zusehends. Zum Stoppen ist es jetzt zu spät. Und wenn du schließlich vor ihr stehst, zum Greifen nahe, reagierst du sprachlos. Für einen Moment nur, dann sagt dir deine innere Stimme: „Welch ein Stolz, was für ein Charakter!" Von den charakteristischen Formen ganz zu schweigen.

Tatsächlich gleicht die erste Annäherung an den Leuchtturm Westerhever sand einem Rendezvous mit ungeahntem Spannungsfaktor – besonders wenn es sich an einem ruhigen Vorfrühlingstag ereignet, unmittelbar vor Einbruch der Dunkelheit. Wenn bizarre Reize die Sinne bezirzen.

Dann haben sich die Tagestouristen längst verflüchtigt, und die Einheimischen zieht es zum Tee in ihre Reetdachhäuser oder zum Klönschnack in die Gaststube des Kirchspielkrugs am Ort. Menschenleer ist es nun an diesem Tor zum Wattenmeer. Das Blöken der Schafe, Möwenschreie und das Brausen des Windes ergeben einen akustischen Dreiklang, der Schleswig-Holstein prägt. Hier auf der nordfriesischen Eiderhalbinsel, im nördlichsten Westen Deutschlands, bedarf es keiner künstlichen Attraktionen – die Natur überbietet alles.

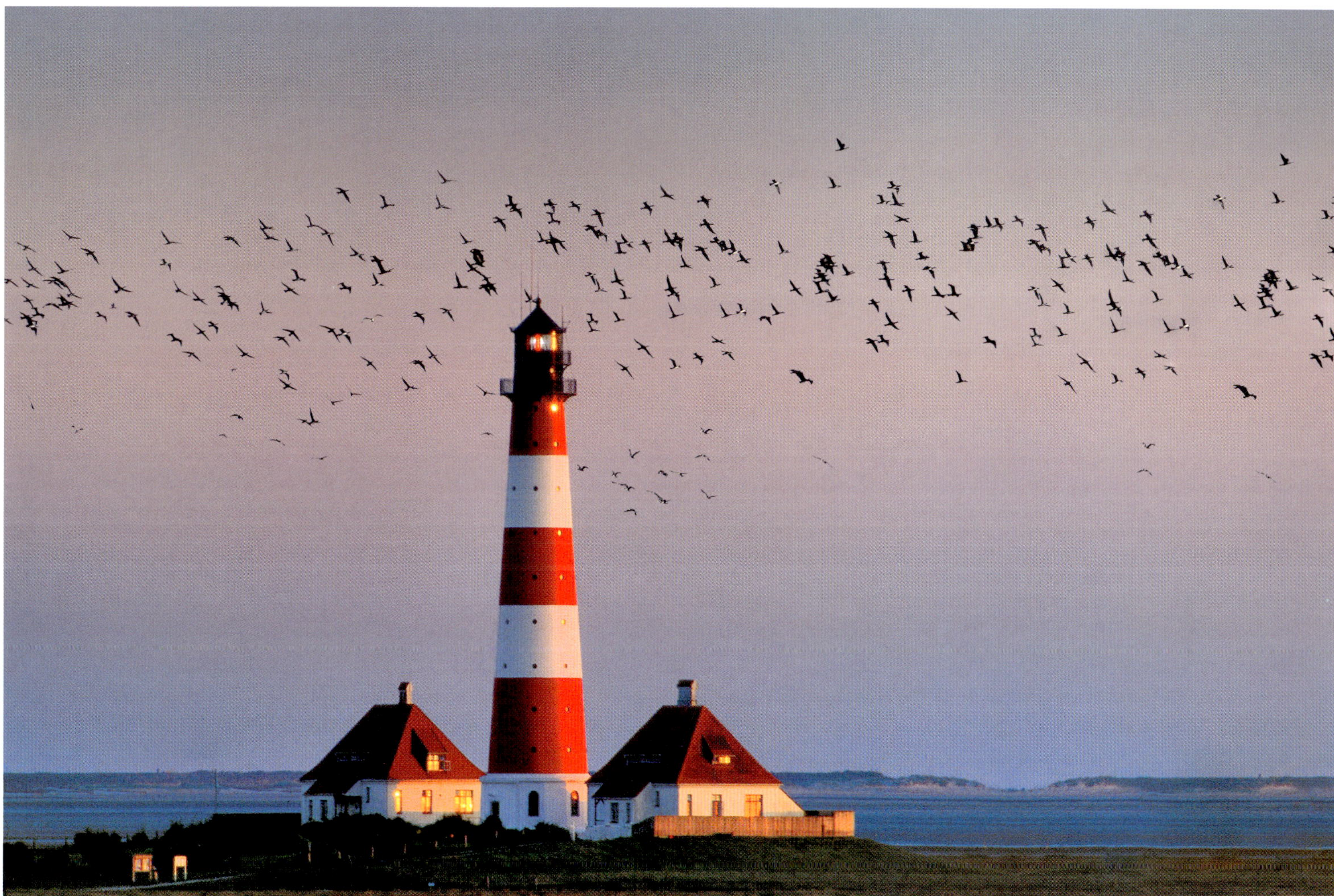

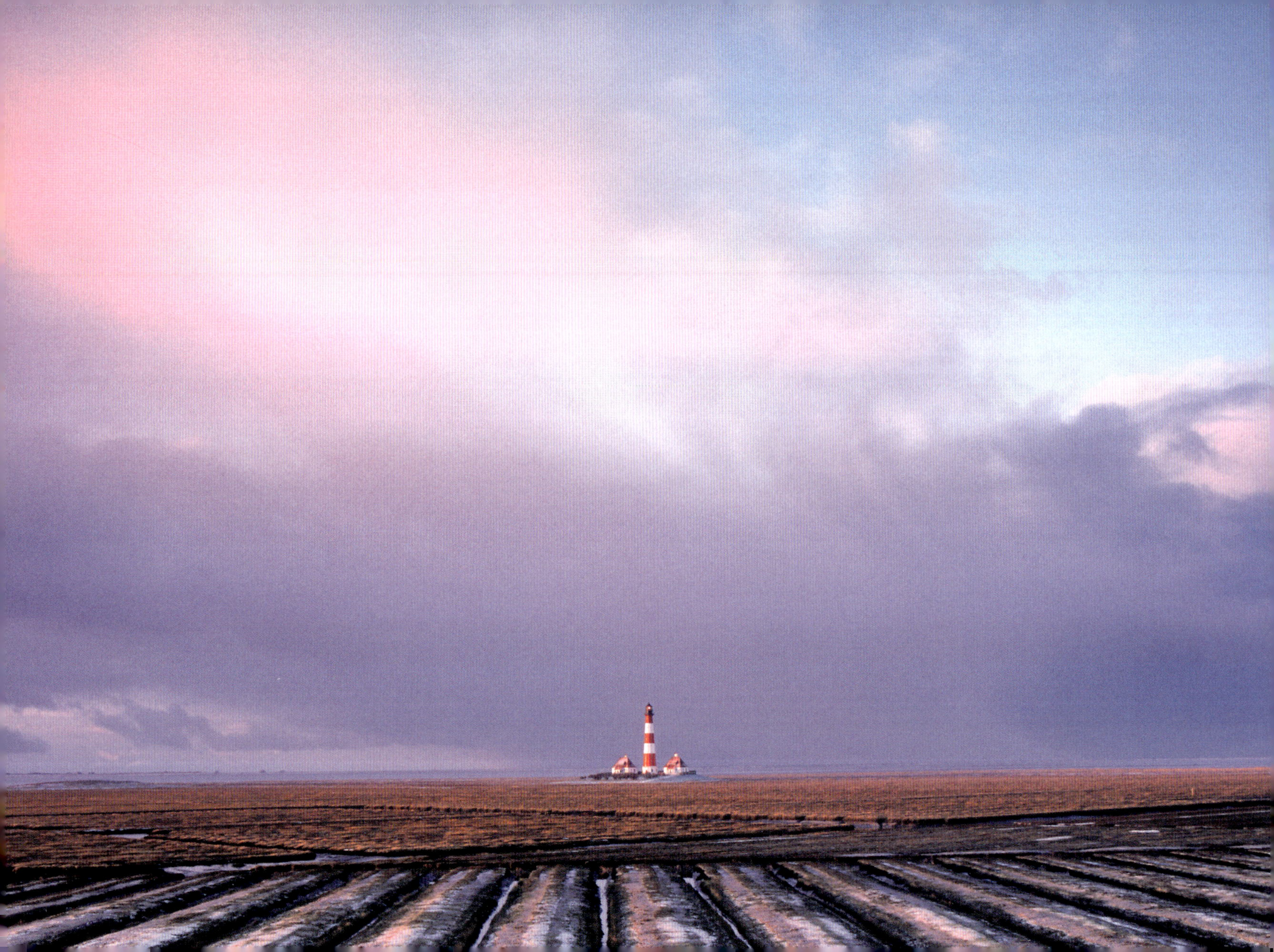

Im Sturm

Schräg links geht's den Deich empor. Der Boden matscht, der Sturm schnarrt, Vorfreude steigt. Oben, auf der Krone, ist der Blick frei. Grenzenlos, bis zum Horizont. Herrlich! Die Krönung dieses Augenschmauses, der Leuchtturm mit den beiden kleinen, mit roten Ziegeln gedeckten Wärterhäuschen am Fuße, präsentiert sich im Fokus der untergehenden Sonne wie die Leuchte des Nordens. Die drei roten und zwei weißen Streifen an seinem Leib, 2006 anlässlich des zu erwartenden 100. Geburtstags im darauffolgenden Jahr 2007 frisch gestrichen, setzen ein Signal weit über Westerhever hinaus. Was anno 1907 mit immensem Einsatz und 250.000 Mark Kosten errichtet wurde, weist auch heute noch den Weg und markiert mit seinem Licht die Untiefen und Fahrrinnen des Wattenmeeres. Von wegen altes Eisen! Standhaft im Sturm, allzeit erhaben, von zeitloser Schönheit geprägt.

Und zwar in einem solchen Maße, dass „Deutschlands schönster Leuchtturm", so das Magazin „Der Spiegel" in seiner Einschätzung von 2005, in den Fokus der Bierwerber geriet: Wie das Land, so das Jever. Dass mancher nun meint, der Leuchtturm Westerheversand stände auf ostfriesischem und nicht auf nordfriesischem Grund, stört den plakativ beschriebenen, friesisch-herben Genuss keinesfalls. Fantasie gehört zum Geschäft – das gilt für die Werbeszene wie für den Nimbus der erhabenen Türme gleichermaßen.

Von wegen altes Eisen!
Standhaft im Sturm,
allzeit erhaben,
von zeitloser Schönheit
geprägt

Natur

Nicht weil es daneben zu morastig ist, sondern um das Spiel der Natur in der restlichen Jahreszeit nicht zu stören

Bedächtig, mit leicht gebeugtem Körper den Böen trotzend, geht es den Deich auf der Nordseeseite wieder hinunter. Nach der verheerenden Flut von 1976 wurde der massive Schutzwall aus Erdreich und Gras auf 8,80 Meter aufgeschüttet. Gummistiefel müsste man tragen! Vom Hauptweg, der wunderbar bequem aus Richtung St. Peter-Ording entlang des Nationalparks gen Norden führt, zweigt ein kleiner Pfad aus roten Ziegelsteinen zum Leuchtturm ab.

1,2 Kilometer sind es von hier aus bis zur Leuchtturmwarft, die „nur" 5,40 Meter in die Höhe ragt. Ein Schild am Wegesrand weist die Besucher jedoch darauf hin, die schmale Passage nur in den Sommermonaten zu nutzen. Nicht weil es daneben zu morastig ist, sondern um das Spiel der Natur in der restlichen Jahreszeit nicht zu stören.

Folglich geht es den Hauptweg weiter. Bis zu einer aus Betonplatten verlegten Piste, die im September 1982 als Spurbahn errichtet, 2006 komplett ausgebaut wurde und einen nach 2,2 Kilometern trockenen Fußes den Leuchtturm erreichen lässt. Nicht gerade schön, keine Frage, aber praktisch.

Auch für die Hochzeitskutschen, die hier zwischen April und September gelegentlich zu verkehren pflegen. Hundert Eheschließungen werden im Trauzimmer im vierten Stock alljährlich zelebriert. Überwiegend von auswärtigen Brautpaaren, die bodenständig maritimes Flair als Basis einer fruchtbaren Beziehung suchen. Zuständig ist das Standesamt Eiderstedt in Garding, Außenstelle Westerheversand. Auch der Segen von höherer Stelle hat seine germanische Ordnung. Mit norddeutschem

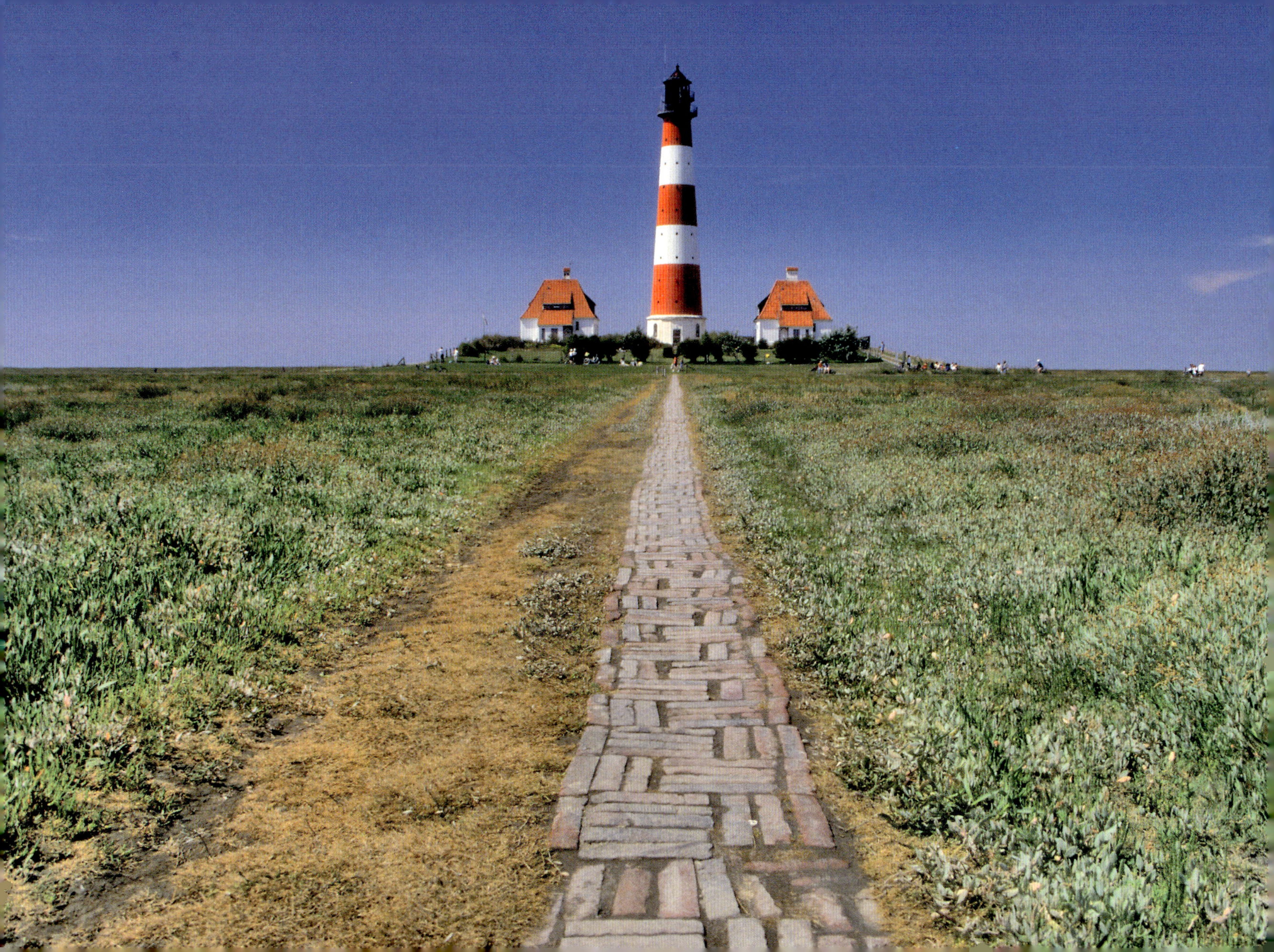

Tote Tante

An Hochzeitssuppe
mit Eierstich,
Deichlammbraten,
rote Grütze und eine
„Tote Tante" obendrauf
allerdings ist in diesem
Moment der inneren
Einkehr nicht zu denken

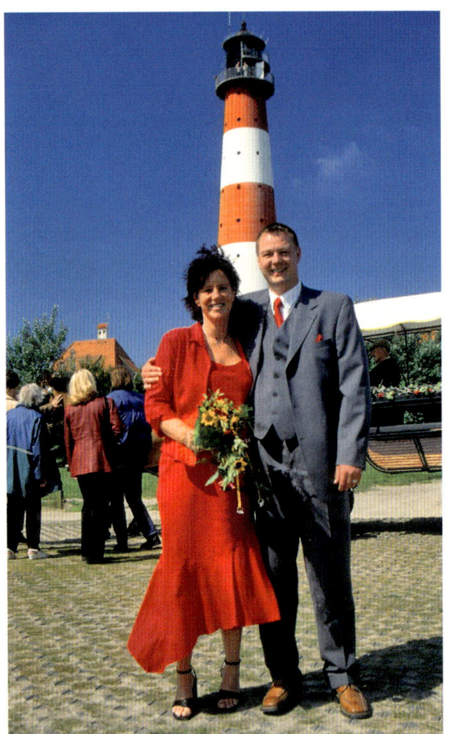

Pragmatismus machten die Westerhevener aus der Not eine Tugend. Ihr Leuchtturm ist in vieler Munde, zudem sorgen die Hochzeitsgesellschaften für Leben und guten Umsatz im Landkreis. Wer will sich schon im Wattenmeer den Ring fürs Leben überstreifen und erst weit entfernt Gedeihliches für Leib und Magen zu sich nehmen!

An Hochzeitssuppe mit Eierstich, Deichlammbraten, rote Grütze und eine „Tote Tante" obendrauf allerdings ist in diesem Moment der inneren Einkehr nicht zu denken.

Dieses glückliche, gerade getraute Paar hat sich sogar die Farben des Leuchtturms zu eigen gemacht.

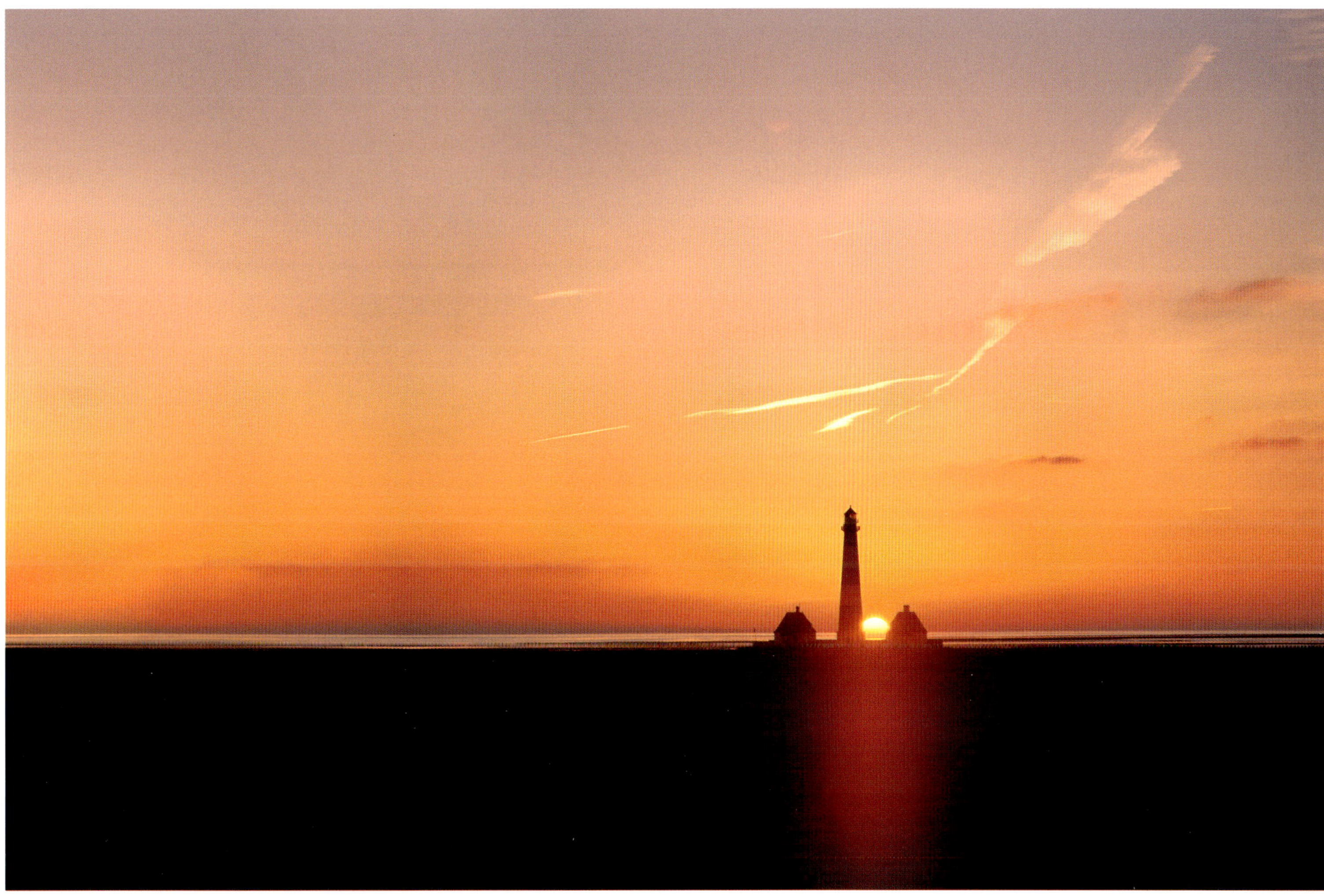

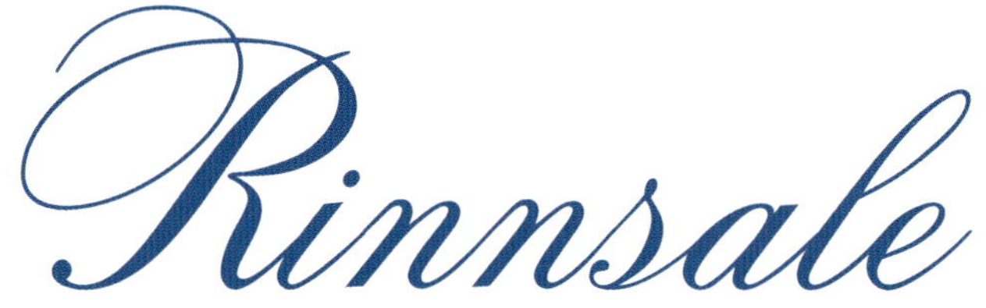

Rinnsale

Abseits des Wegesrandes gurgelt eine Armada kleiner Rinnsale, im Unendlichen verrinnend

Unerschrocken Widrigkeiten wie einbrechende Dunkelheit, Sturm und jäh einsetzenden Regen ignorierend, geht's voran gen Leuchtturmwarft.

„Tatort"-tauglich ist die Kulisse zu dieser Tages- und Jahreszeit allemal: Abseits des Wegesrandes gurgelt eine Armada kleiner Rinnsale, im Unendlichen verrinnend. Braungrün wuchert Ahndelgras; dazwischen wachsen Astern und Strandflieder. Letzterer taucht das vor Jahrzehnten gewonnene Land des Sommers in einen violetten Farbzauber. Im Vorfrühling wirkt die Pflanzenvielfalt in der Steppe eher skurril. In Harmonie zu den Klangnuancen des Windes und dem Vogelgeschnatter, welches sich in der Ferne verliert. Ein bisschen lässt sich erahnen, unter welchen Umständen die Leuchtturmwärter und ihre Familien an dieser Stelle dereinst ihr etwas anderes Leben führten.

Als Naturgewalten und Einsamkeit die trutzige Warft in ihren Klauen hielten. Vor allem wenn nach Neu- oder Vollmond die Springtide das Wasser um 40 bis 60 Zentimeter ansteigen ließ. Fünfzehn- bis zwanzigmal jährlich hieß es damals wie heute: „Land unter!" Die eine oder andere Sturmflut nicht mitgerechnet. Wer dann nicht rasch das Weite suchte, begab sich in akute Lebensgefahr. Die Katastrophen von 1962 und 1976 bleiben unvergessen. Hier vor Ort, an der gesamten Küste, aber auch im 150 Kilometer entfernten Hamburg.

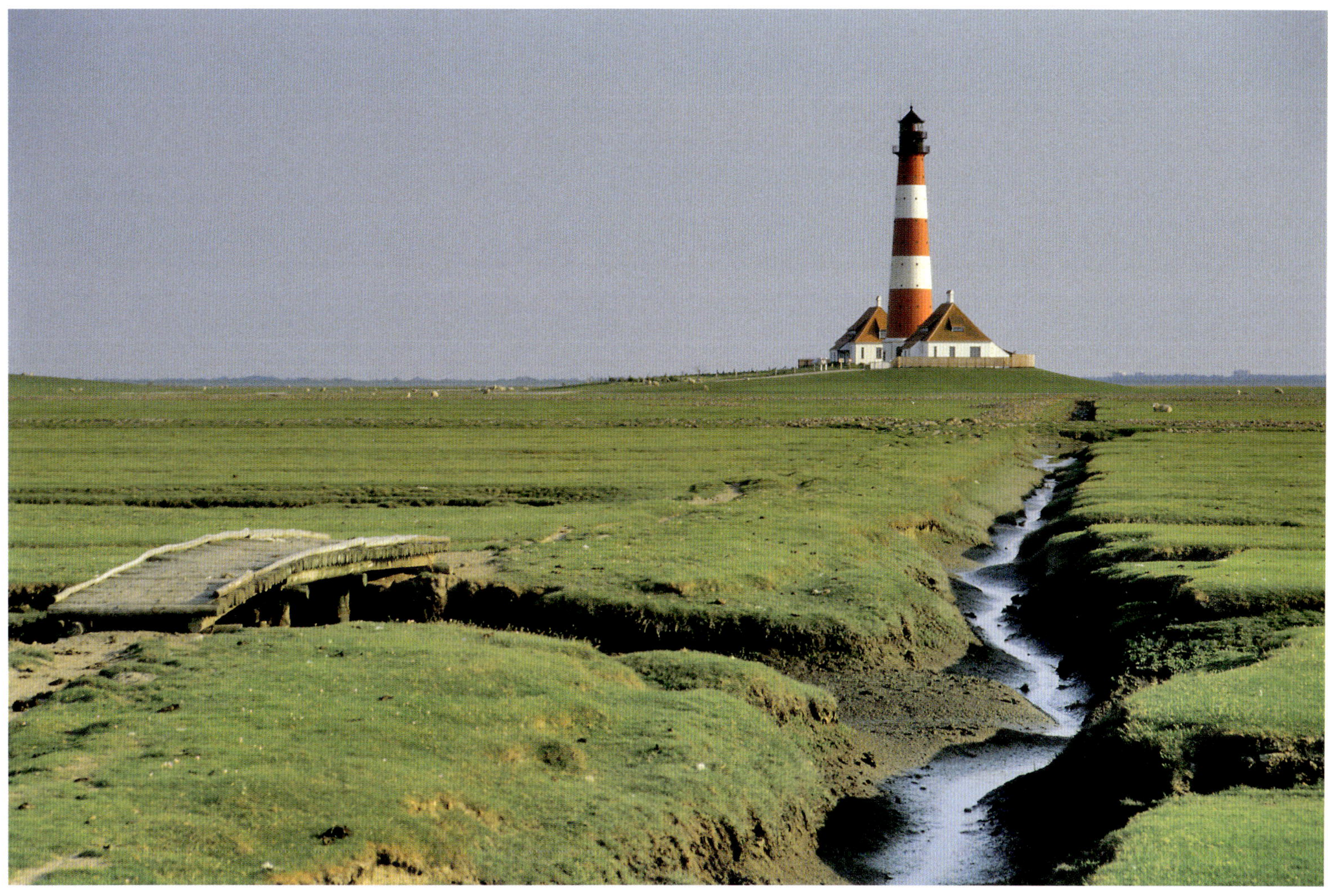

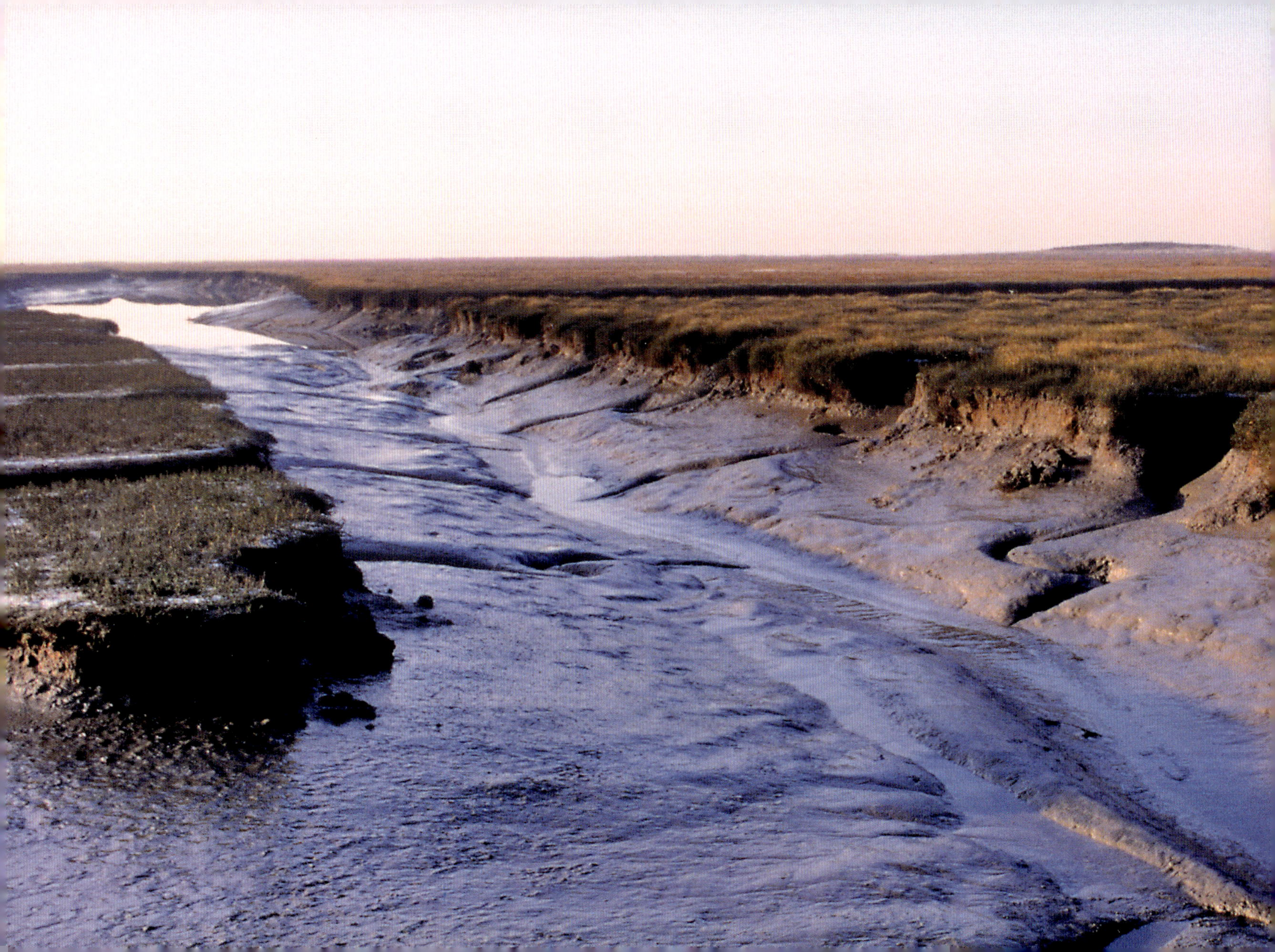

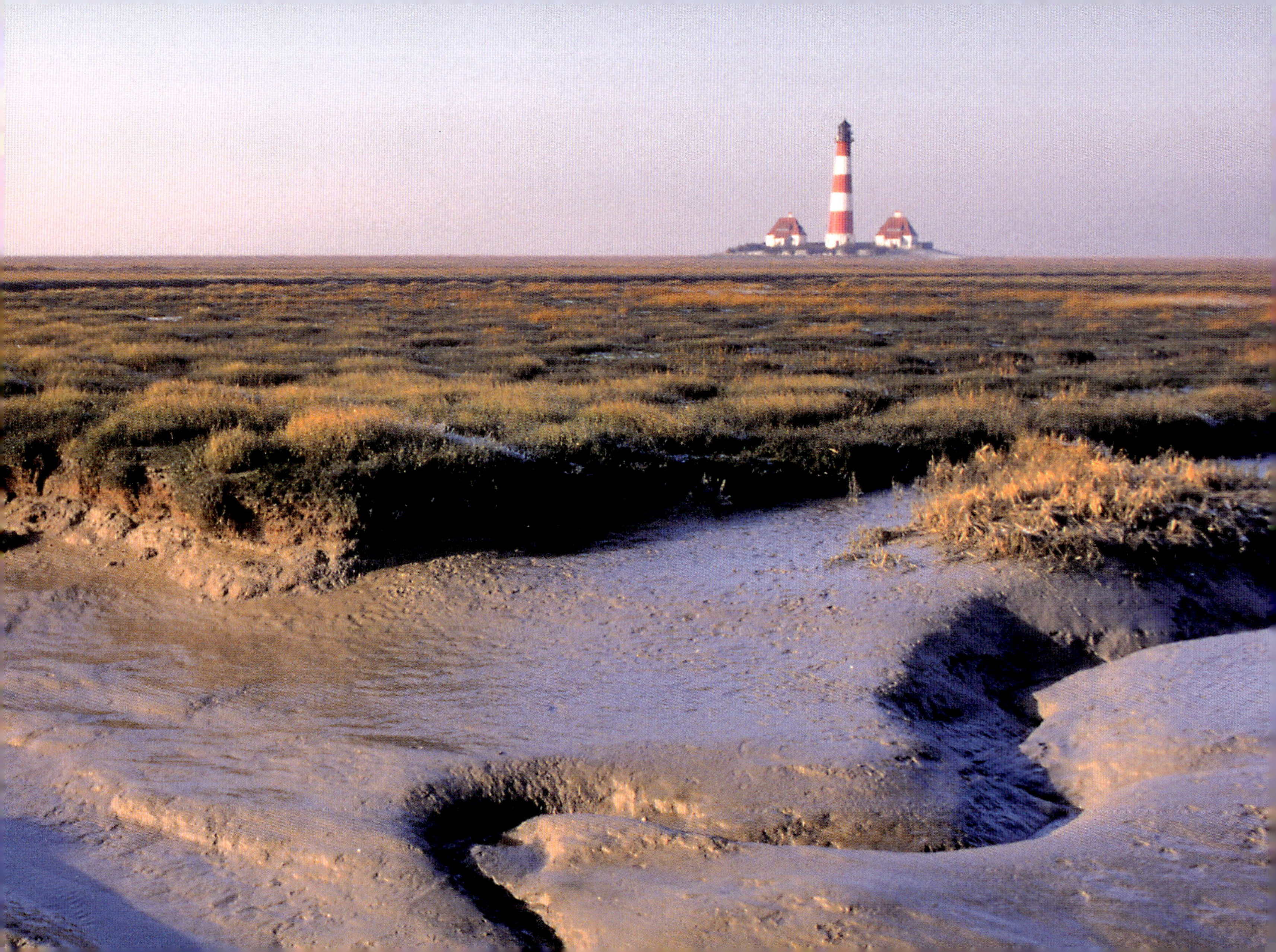

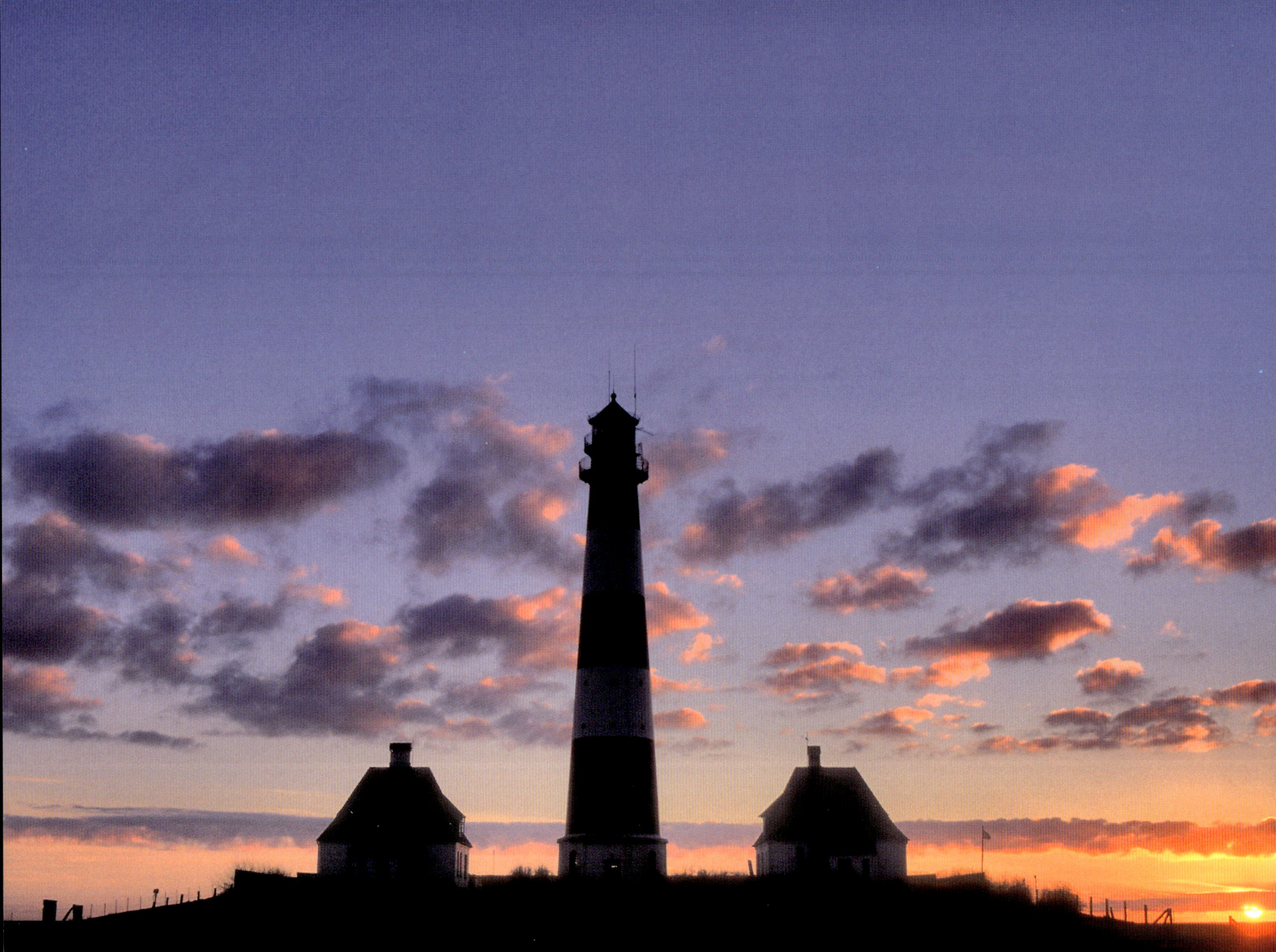

Was für ein Bild

Mit jedem Schritt rückt der Leuchtturm näher. Was aus der Ferne ebenso wie in der Fernsehwerbung lieblich, fast verspielt wirkt, beeindruckt immer mehr mit erhabener Größe und enormer Wucht. Was für ein Bild von einem Bauwerk! Die fünf markanten rot-weißen Streifen, als von weither sichtbares Erkennungszeichen für die Schifffahrt (Tageskennung) angebracht, scheinen die finale Helligkeit dieses prachtvollen Tages aufzusaugen.

Und je mehr die Sonne versinkt, desto intensiver kommt das Leuchtfeuer an der Spitze des Turmes zur Geltung. In längst vergangenen Tagen war der konstante Betrieb dieser Scheinwerfer für die Männer oben ein wahrer Knochenjob – heute läuft fast alles vollautomatisch. Neuerdings sind Radar oder GPS-Satelliten der Schifffahrt zu Diensten – wenig romantisch, indes höchst effektiv. Daran war anno 1907 noch nicht einmal im Traum zu denken.

Anhand alter Dokumente ist der Turmbau von Westerhever heute konkret nachvollziehbar. Besonders der Geheime Oberbaurat Körte im Ministerium sowie der Königliche Wasserbauinspektor Gustav Meyer erwarben sich große Verdienste um das Wahrzeichen auf Westerheversand. Ursprünglich sollte es übrigens nebenan in Leikenhusen stehen, doch erwies sich der Standort

Was für ein Bild
von einem Bauwerk

Meisterwerke

In damaliger Zeit waren Transport wie Montage Meisterwerke

Westerheversand als geeigneter. Grund und Boden standen in staatlichem Besitz, und in Leikenhusen hatten die Landwirte durchaus präzise Vorstellungen über den Wert ihrer Grundstücke.

Nachdem der Kostenanschlag vom 19. Januar 1902 über 250.000 Mark von kaiserlichen Gnaden abgehakt worden war, wurde die Arbeit zwischen Mai 1906 und Juli 1907 verrichtet. Dabei, so ist penibel festgehalten, schlugen der Turmbau selbst mit 52.389 Mark und die Laterne mit 14.620 Mark zu Buche. Die 608 gusseisernen Platten für zehn Geschosse wurden von der Isselburger Hütte am Niederrhein an die Küste geliefert. Und zwar über den Wasserweg bis zum Löschplatz Stufhusen, sodann über vier Kilometer Feldbahngleise mit Lorenbetrieb. In damaliger Zeit waren Transport wie Montage Meisterwerke. Was erst recht für das Fundament, die Warft, zutraf. Das Erdreich wurde vier Meter aufgeschüttet, um auch stürmischen Fluten Paroli bieten zu können. Pferde hatten wochenlang zu tun, das etwa 150 mal 150 Meter umfassende Areal platt und fest zu treten. 127 kieferne Rundpfähle, 7,75 Meter lang und 30 Zentimeter im Durchmesser, wurden komplett im Watt versenkt als Fundament für die 1,50 Meter starke Betonplatte mit 16-eckigem Sockel und den eigentlichen Leuchtturm.

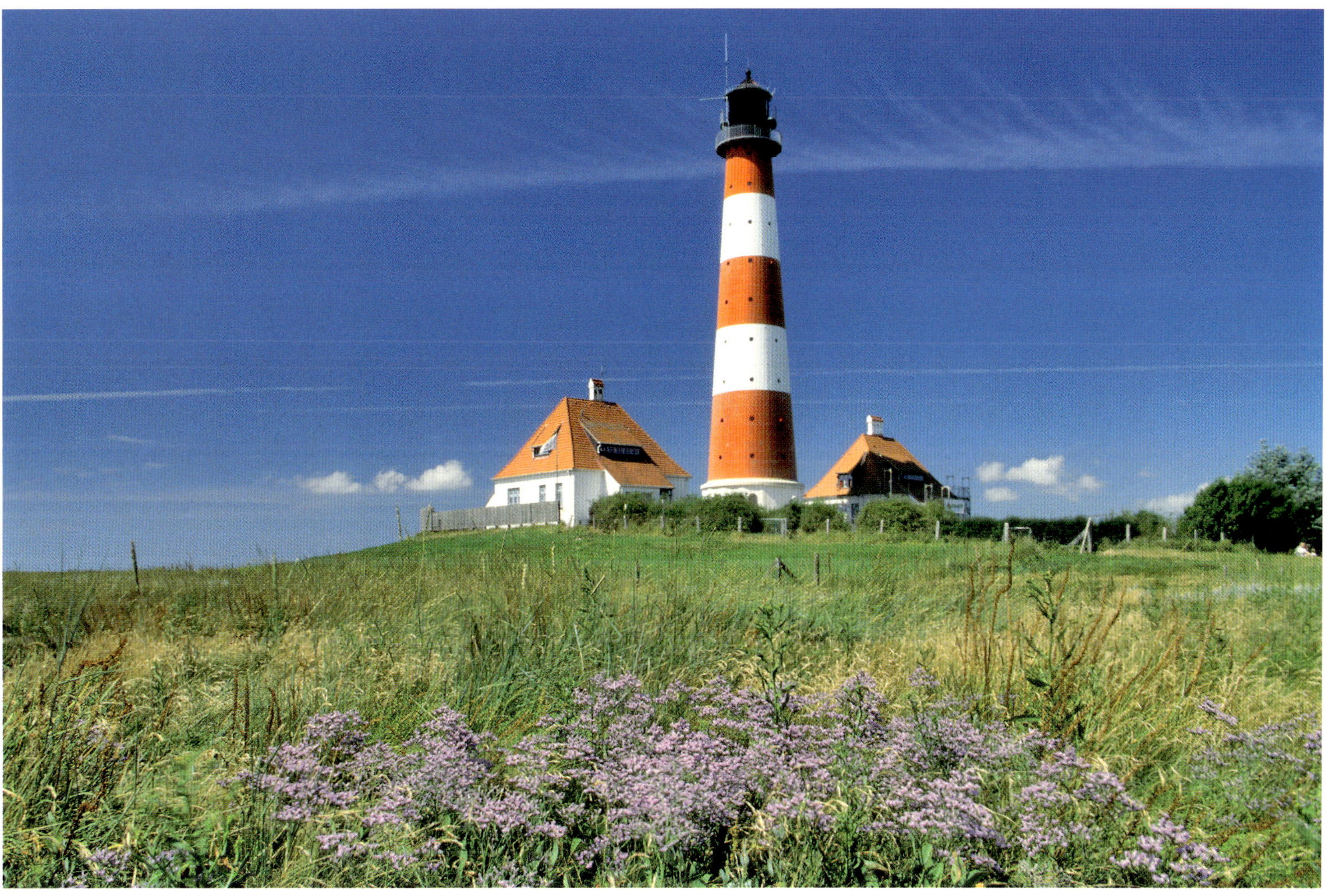

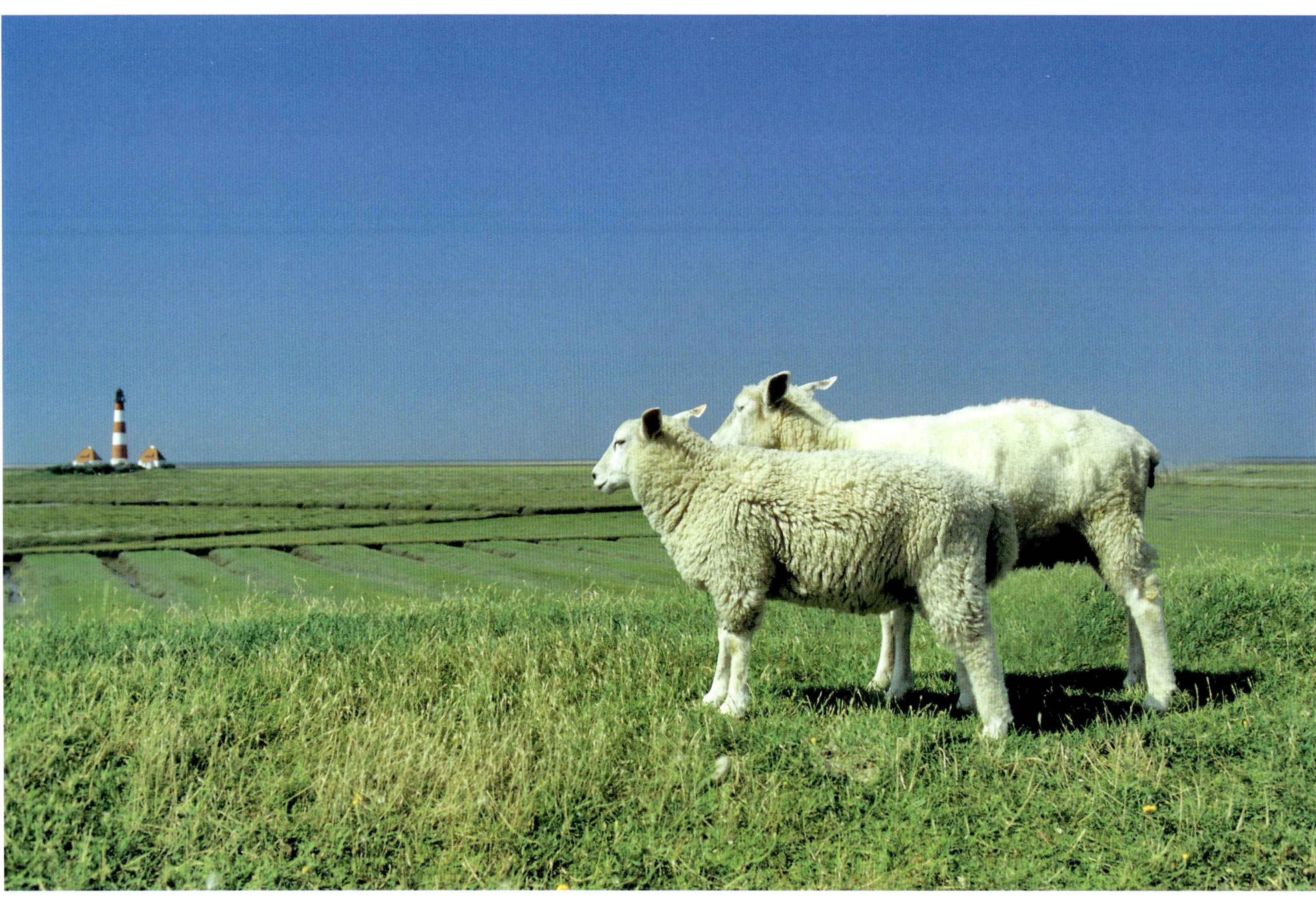

Es gibt größere

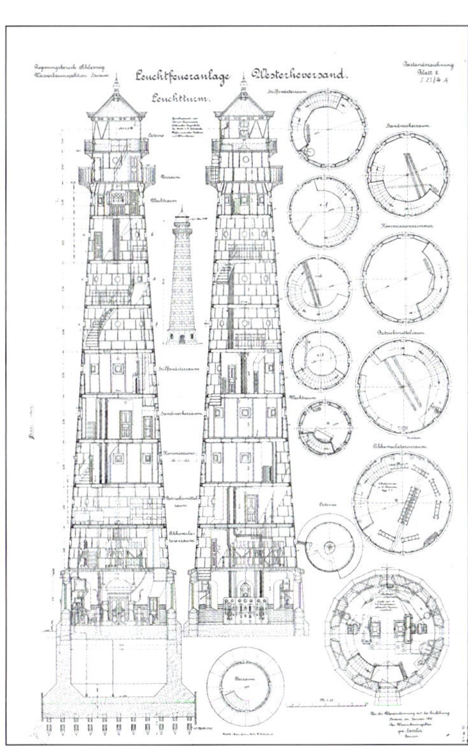

Vier Monteure und ein Obermonteur hatten alle Hände voll zu tun, insgesamt 150 Tonnen Stahl und Gusseisen korrekt zu platzieren. Bezahlt wurden die damals üblichen Stundenlöhne zwischen 55 und 80 Pfennige. Die Männer hatten ihr Geld verdient: Präzise wuchs zusammen, was zusammengehörte. Am Ende, nach intensiver Plackerei und logistischer Feinarbeit, stand der Leuchtturm stolz auf Westerheversand – 41 Meter über dem Erdboden. Es gibt noch größere hierzulande, aber keinen würdigeren.

Die Feuerhöhe: 41,50 Meter; auch diese Daten sind fein säuberlich ad acta gelegt. Bis 1975 wurde das Leucht-

Es gibt noch größere hierzulande, aber keinen würdigeren

Kirchspielkrug

Wir treffen uns im Kirchspielkrug zu Westerhever, wenn's dunkel ist

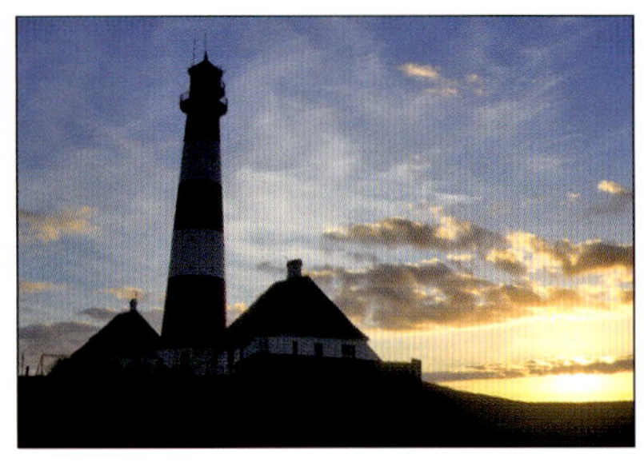

feuer mit einer Lichtbogeneinrichtung aus Kohlestäben und Rohrschlitzblenden betrieben, die außerordentlichen Einsatz verlangten. Diese Kohlenstäbe hatten eine Brenndauer von neun Stunden, mussten also permanent von Hand ersetzt werden – vom Leuchtturmwärter oder seinem Hilfswärter.

Diese Männer hatten ein Aufgabensortiment zu erfüllen, das höchste Anforderungen stellte. Voraussetzungen waren technische Fertigkeiten sowie absolute Zuverlässigkeit. Denn neben den Jobs, das Feuer unter Kontrolle zu halten und „Licht zu zeigen", wie die Profis sagten, musste alle zwei Stunden die See beobachtet werden. Dann ging es bei Wind und Wetter mit dem Fernglas auf die Plattform. Etwaige Erkenntnisse, aber auch die Kontrolle der Nebenfeuer auf den Leuchttürmen auf Pellworm, Amrum und Süderoogsand wurden akkurat ins Logbuch eingetragen. Doch dazu, aber auch zu den Lebensbedingungen der Wärterfamilien auf der Leuchtturmwarft, wird sich der letzte Leuchtturmwärter Heinrich Geertsen noch ausführlich äußern. „Wir treffen uns im Kirchspielkrug zu Westerhever", so die Ansage. „Wenn's dunkel ist."

Bis dahin bleiben noch ein, zwei Stunden Zeit. Das reicht, um dem Leuchtturm immer näher zu kommen – so

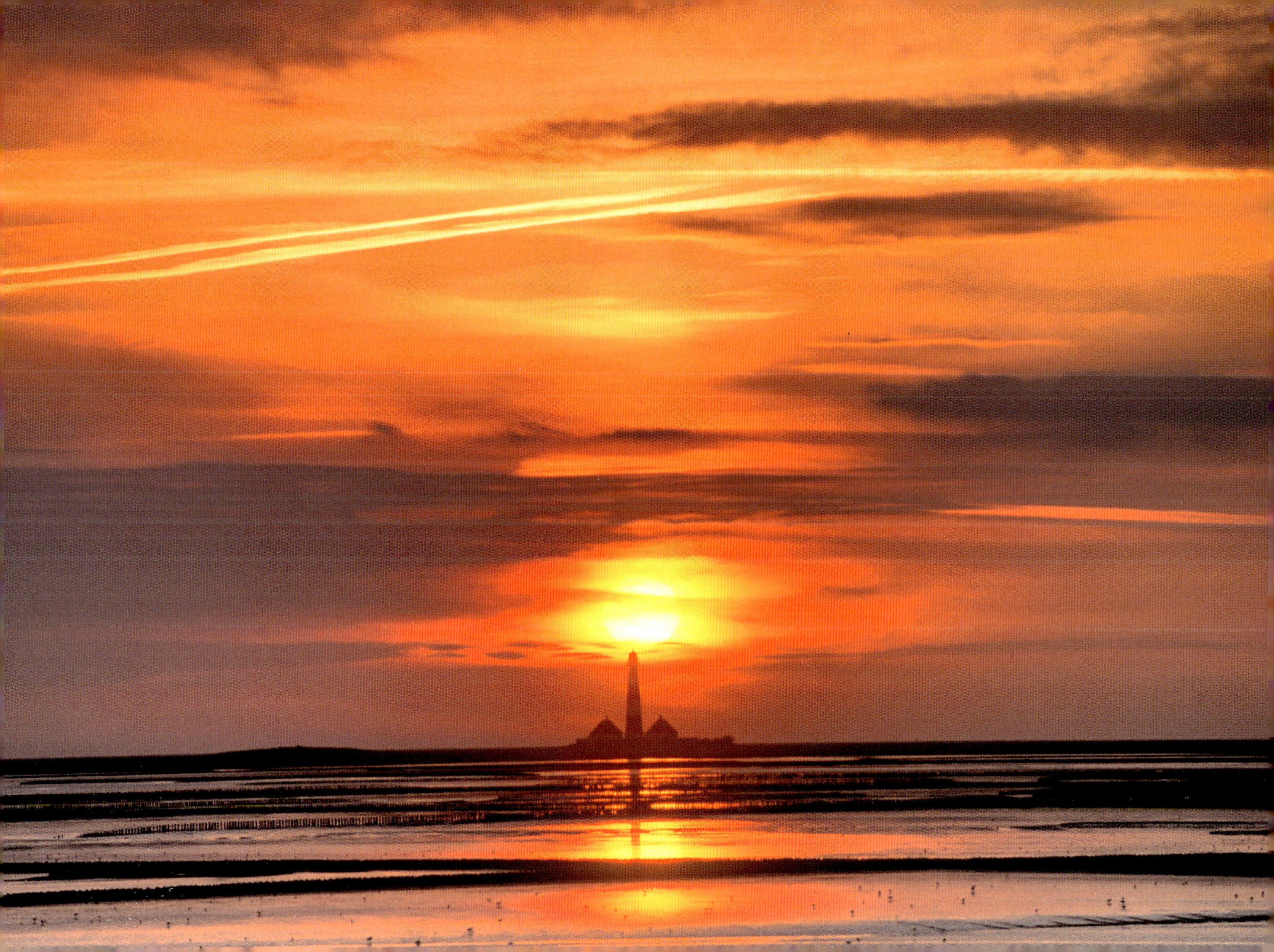

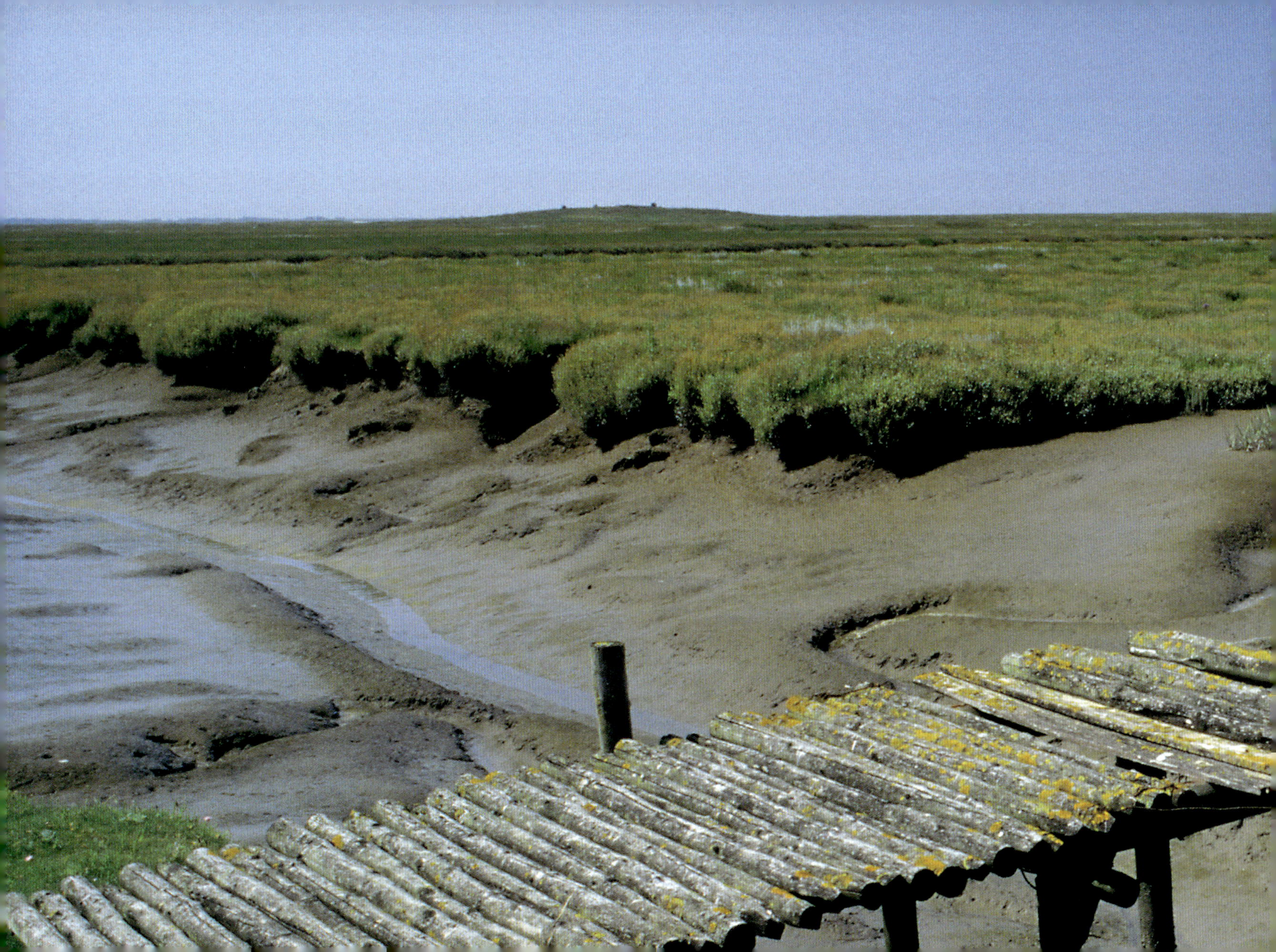

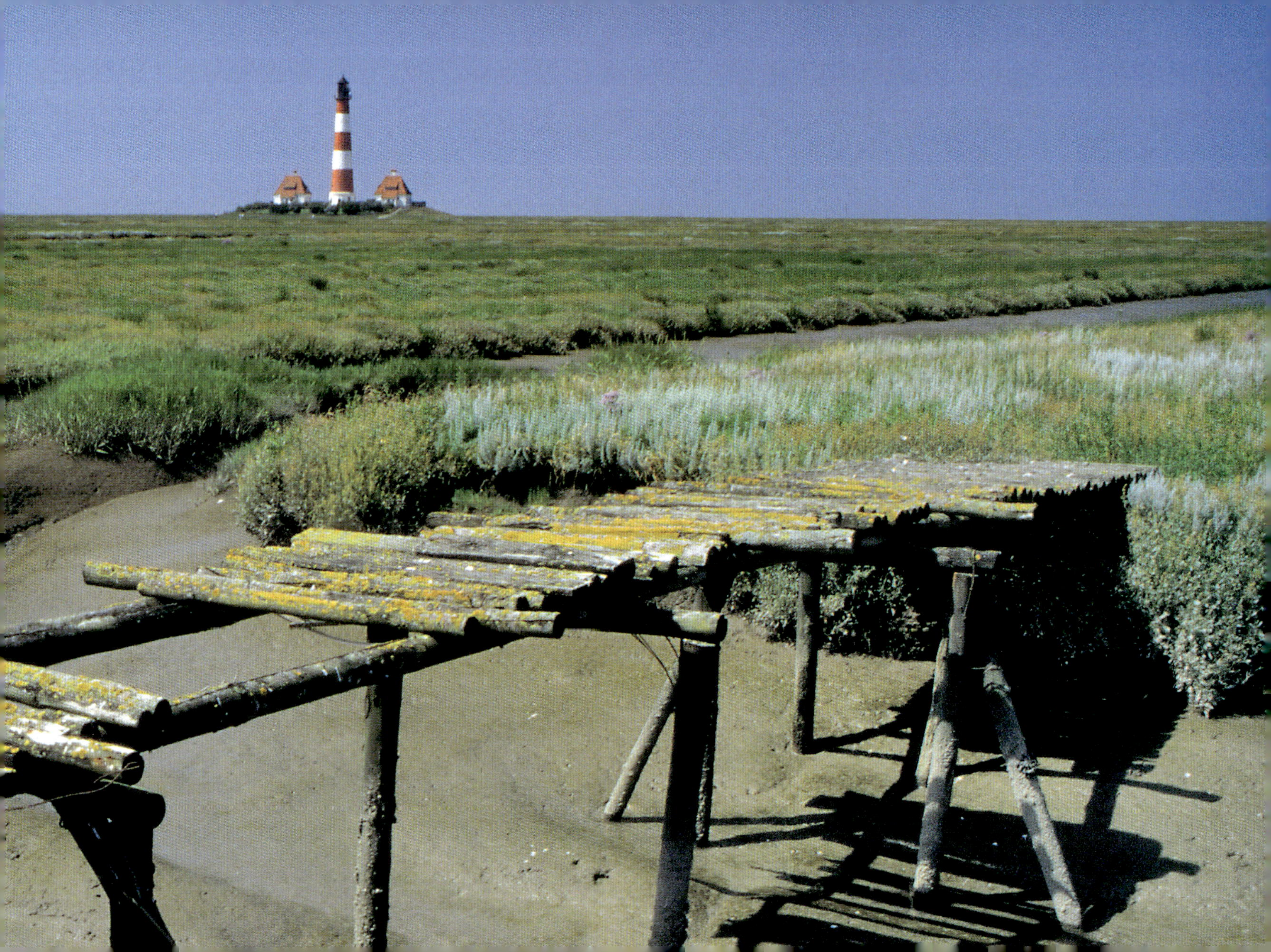

Die Gräber

Die Gräber abseits der wunderschönen Kirche zu Westerhever legen Zeugnis ab von mancher Wasserleiche, die hier in Urzeiten ans Ufer gespült wurde

und so. Denn mit jedem Schritt Annäherung wird auch die in jeder Beziehung dominierende Position des Turms hier im Wattenmeer deutlich. Was muss das für eine Plage in vergangenen Tagen gewesen sein, Öl und Proviant zur Warft zu transportieren, als es diesen ausgebauten Betonpfad noch nicht gab! Ganz zu schweigen vom Einfluss der großen Abgeschiedenheit und Einsamkeit auf das Gemüt. Andererseits: Muss es nicht ein göttliches Gefühl sein, hoch oben der Wächter der See zu sein, hohe Verantwortung zu tragen und unter Umständen Leben retten zu können? Die Gräber abseits der wunderschönen alten Kirche zu Westerhever legen Zeugnis ab von mancher Wasserleiche, die hier in Urzeiten ans Ufer gespült wurde.

Diese Gedanken gewinnen an Dominanz, derweil der Leuchtturm Wester heversand nun beinahe zum Greifen nahe ist. Die Dämmerung ist fortgeschritten, und das Glucksen der kleinen Bäche und Rinnsale rinnt durch Mark und Bein. 5,40 Meter Höhe der Warft – darüber kann auf dem Papier flugs hinweggelesen werden. Doch wenn du unmittelbar davor stehst, wächst der Respekt vor den Baukünsten unserer Vorväter. Und vor den Urgewalten von Ebbe und Flut: Um diese Warft zu knacken, also um das

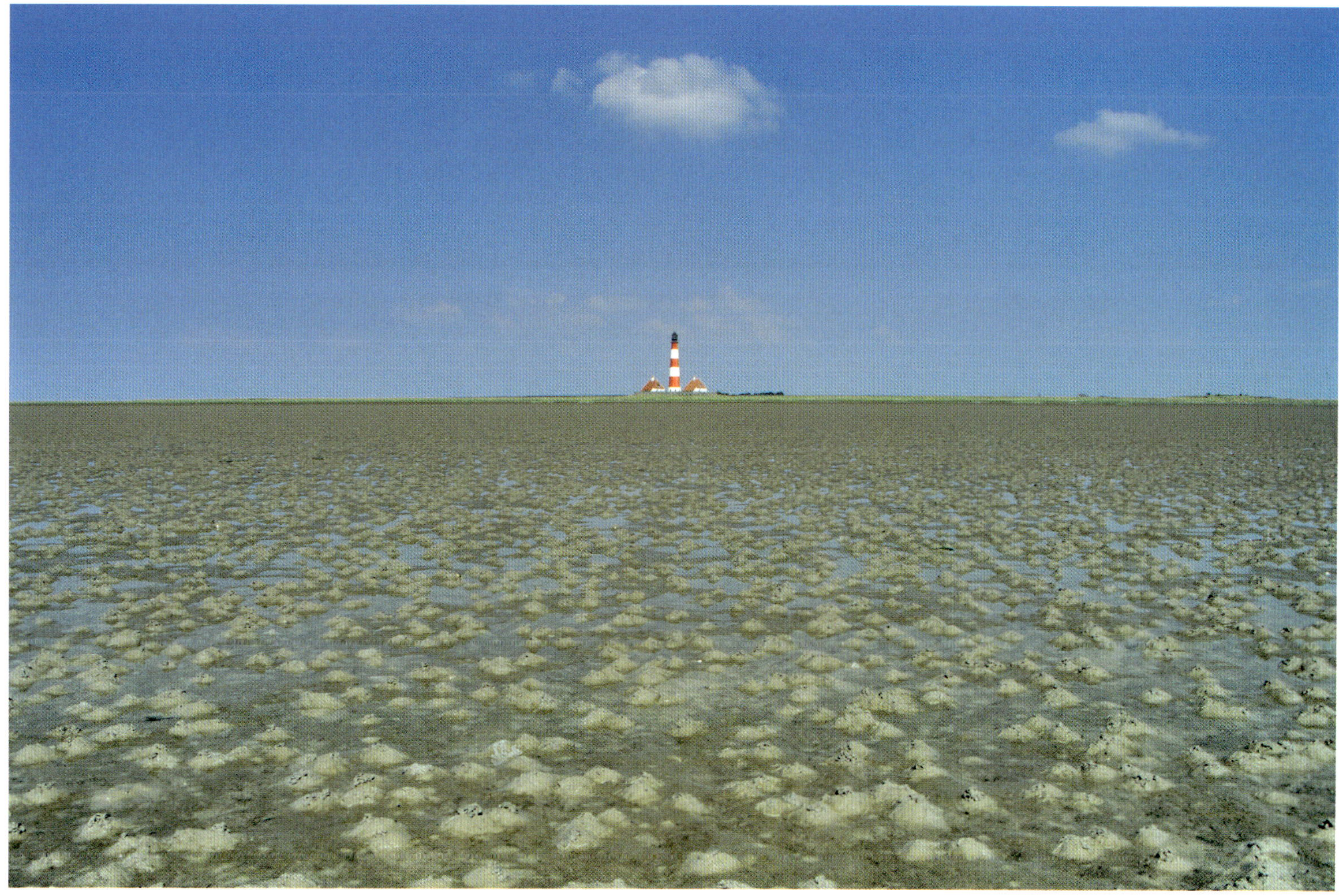

Das Unheil

Was fühlt man, wenn sich die Familie in einer der beiden kleinen Katen am Turmfuße versammelt und sich draußen das Unheil androht

Wasser höher als 5,40 Meter steigen zu lassen, bis die Wellen überschwappen, bedarf es enormer Kräfte. Die Vorfreude auf das Treffen mit Leuchtturmwärter Heinrich Geertsen nachher in der Gastwirtschaft auf dem Festland nimmt zu – im Einklang mit der Vielzahl an Fragen, die sich immer drängender stellen. Was fühlt man, wenn sich die Familie in einer der beiden kleinen Häuschen am Turmfuße versammelt und sich draußen das Unheil androht? Und welche Gefühle übermannen einen, wenn man Nacht für Nacht in 37 Metern Höhe über allem thront? Gewinnen Begriffe wie Demut oder Gleichmut dann eine neue Dimension?

Erst einmal nehmen den neugierigen Besucher ganz andere Erlebnisse gefangen. Am Horizont zieht ein gewaltiger Vogelschwarm vorbei. Gleichmäßig und stolz bewegen sich die Tiere, wie von einer geheimen Choreografie gelenkt.

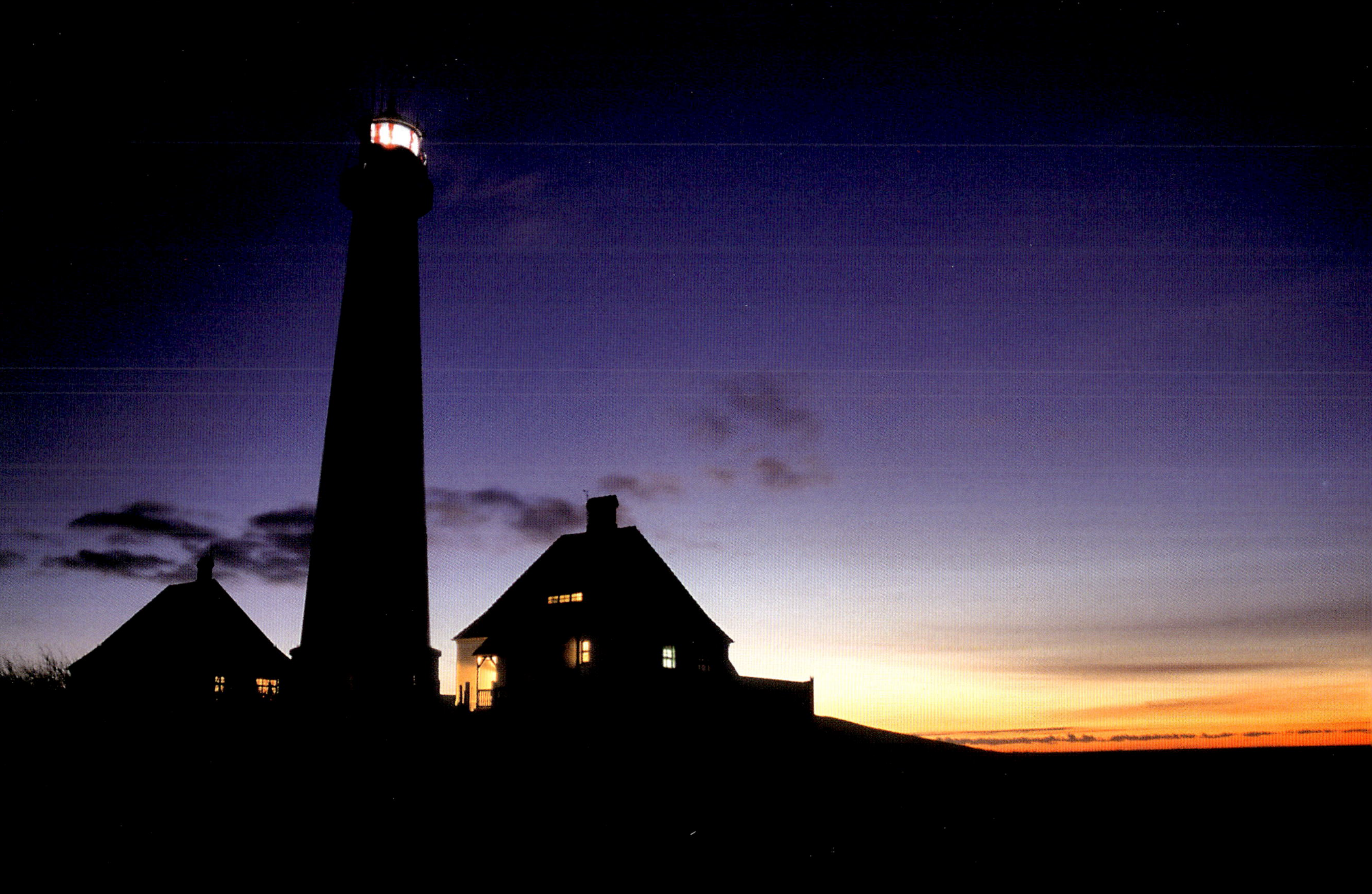

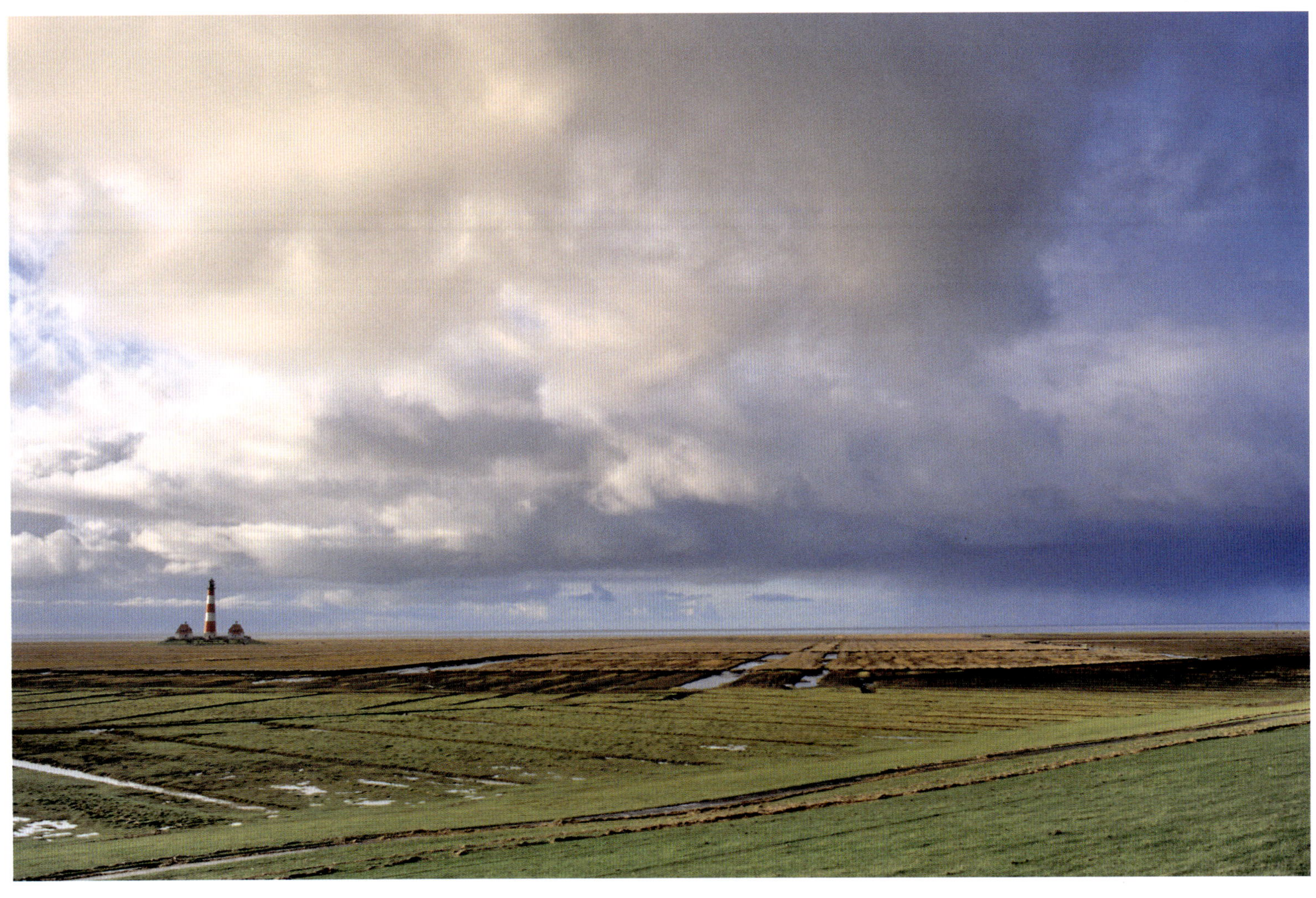

Weite Ferne

Am Wegesrand quakt es – zu sehen aber ist nichts. Im schlammigen Boden liegen Muscheln, Seegras und kleine Holzstücke. Auch Reste von Tintenfischen sind zu sehen, als Grüße von der letzten Flut. Rechts steht eine Holzbank im Halbdunkel. Eine kleine Rast wäre jetzt Labsal, doch wirken die bemooste Sitzfläche und der andauernde Regen wenig einladend. Außerdem wird es zunehmend finsterer. Und wer will sich schon in stockdunkler Umgebung auf den Heimweg machen? Das einzige Licht, jenes hoch oben im Laternenraum, ist in weite Ferne gerichtet. Dem einsamen Fußgänger soll es kaum den Weg weisen.

Von Herbst bis Frühjahr wird von drei Uhr nachmittags bis zehn Uhr am folgenden Morgen Licht gezeigt. Mit anderen Worten: Jahrein, jahraus ist Betriebszeit von Sonnenunter- bis Sonnenaufgang. Seit 1975 mit Xenon-Hochdrucklampen – im Haupt- wie Reservebetrieb. Die Stärke: 2000 Watt, mit umlaufender Blende. Eine Umdrehung dauert genau 30 Sekunden.

Seit 1979 haben die Leuchtturmwärter auch hier auf Westerheversand ausgedient. Seitdem wird das Feuer fernüberwacht. Vollautomatisch, über Schaltanlagen im Turm. Die Hauptarbeit hat ein Prozessrechner in der Schaltzentrale in Tönning übernommen. Geblieben ist

Das einzige Licht,
jenes hoch oben im
Laternenraum,
ist in weite Ferne
gerichtet

Landstrich

Wohl dem Landstrich, der ein solches Wahrzeichen vorweisen kann

Die Position des Leuchtturms Westerheversand:
54 Grad
22 Minuten
27 Sekunden Nord
8 Grad
38 Minuten
28 Sekunden Ost

der Nutzen für die Schifffahrt: Die Lichtsignale sind auf eine Entfernung von 22 Seemeilen zu sehen. „Im Sommer ist hier gut was los", hatten sie vorhin beim Schnack im Gasthaus berichtet. Wenn Urlauber wie Tagestouristen die Idylle der Eiderstedthalbinsel auskosten wollen. Da darf der Leuchtturm Westerheversand natürlich nicht fehlen. Die Jever-Werbung, keine Frage, hat dem Nimbus des Schifffahrtszeichens nicht geschadet.

Zumindest deuten die Besucherzahlen auf diese Vermutung hin. Abgesehen von den schon erwähnten hundert Trauungen im Jahr erleben die Turmführungen eine Hausse. An die zweihundert Führungen jährlich absolvieren Heinrich Geertsen und sein Kompagnon; das sind unter dem Strich 3000 Menschen. Nicht mitgerechnet jene zigtausend Spaziergänger, die am Deich flanieren und die kühle Schönheit und majestätische Würde des Turms inhalieren. Wohl dem Landstrich, der ein solches Wahrzeichen vorweisen kann! Dessen einmaligen Charakter viele Botschafter preisen können. Auch weil es schwer ist, sich den speziellen Reizen des nunmehr hundert Jahre alten Bauwerks zu entziehen. Fast alle, welche die 157 Holzstufen der geschlossenen, mithin gefahrlos zu besteigenden Treppe geschafft haben,

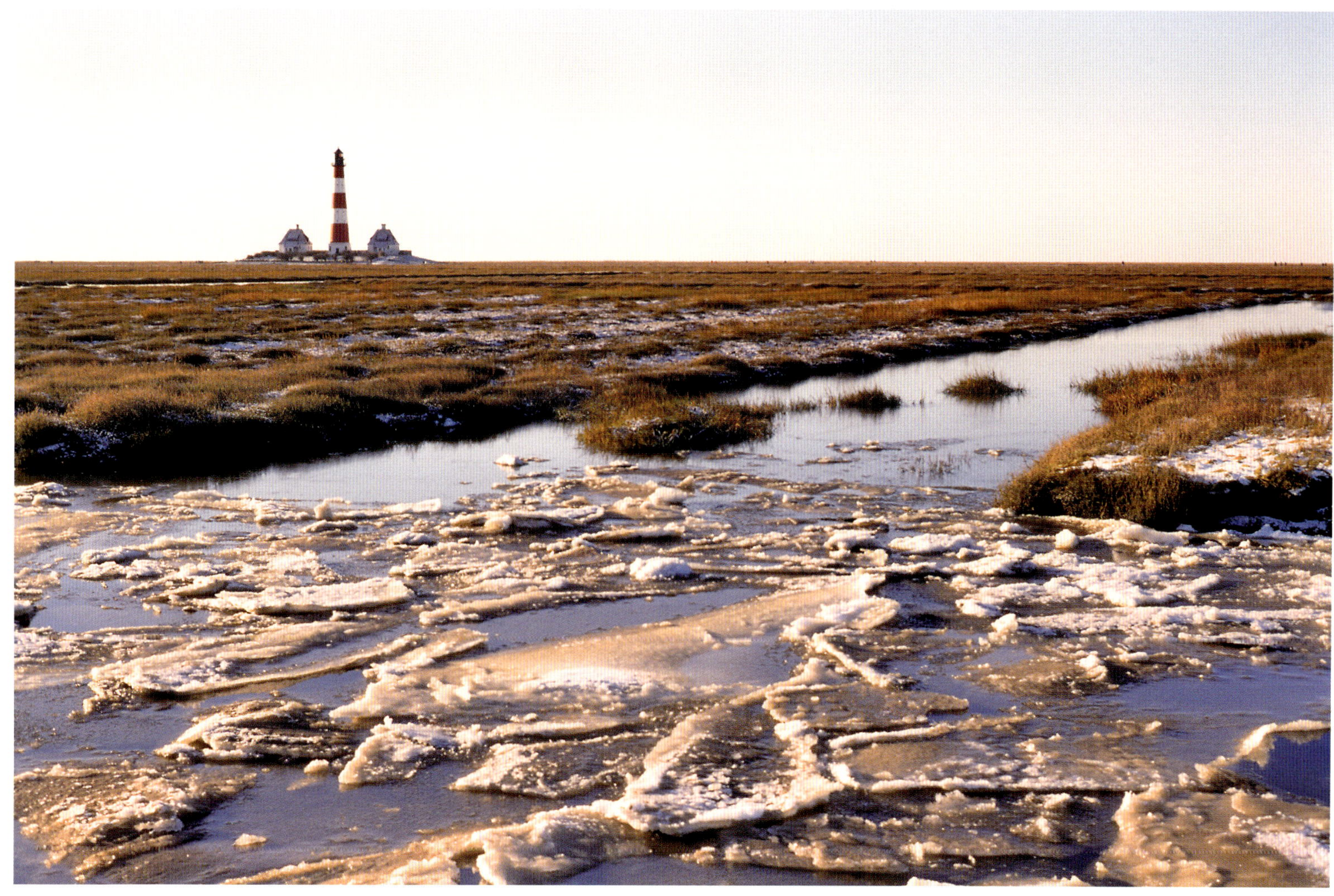

Laternenraum

Über allem wacht der Laternenraum

kehren beeindruckt wieder heim. Kein Wunder, dass die Führungen praktisch immer ausgebucht sind. Karten können in einem Holzhaus auf der rückwärtigen Deichseite erworben werden. 5 Euro kostet das Vergnügen für Erwachsene, 2,50 Euro für Kinder über acht Jahren. Jüngere dürfen nicht mit hinauf – aus Sicherheitsgründen.

Zu sehen und zu erfahren gibt's eine Menge. Als besondere Attraktion neben dem Trauzimmer im vierten Stock, dem Betriebsraum darüber, dem ehemaligen Wachraum in 37 Metern Höhe sowie der Plattform gilt ein mit antikem Mobiliar und einer Extraportion Liebe eingerichtetes Zimmer in der ersten Etage. Über allem wacht der Laternenraum, doch darf dieser von Unbefugten nicht betreten werden.

Wo früher die Familien des Wärters und seines Vertreters einquartiert waren und ein Leben abseits des Alltags führten, dreht sich auch heute noch viel um Natur und Wattenmeer. Das Südhaus dient als Basis der Schutzstation Wattenmeer. Dort arbeiten überwiegend Mitarbeiter im Freiwilligen ökologischen Jahr (FöJ).

Das danebenliegende Pendant wird unter der Regie des Nationalparkamtes in Tönning für Seminare genutzt. Es umfasst neunzehn Schlafplätze – für Studientagungen oder Arbeitskreise.

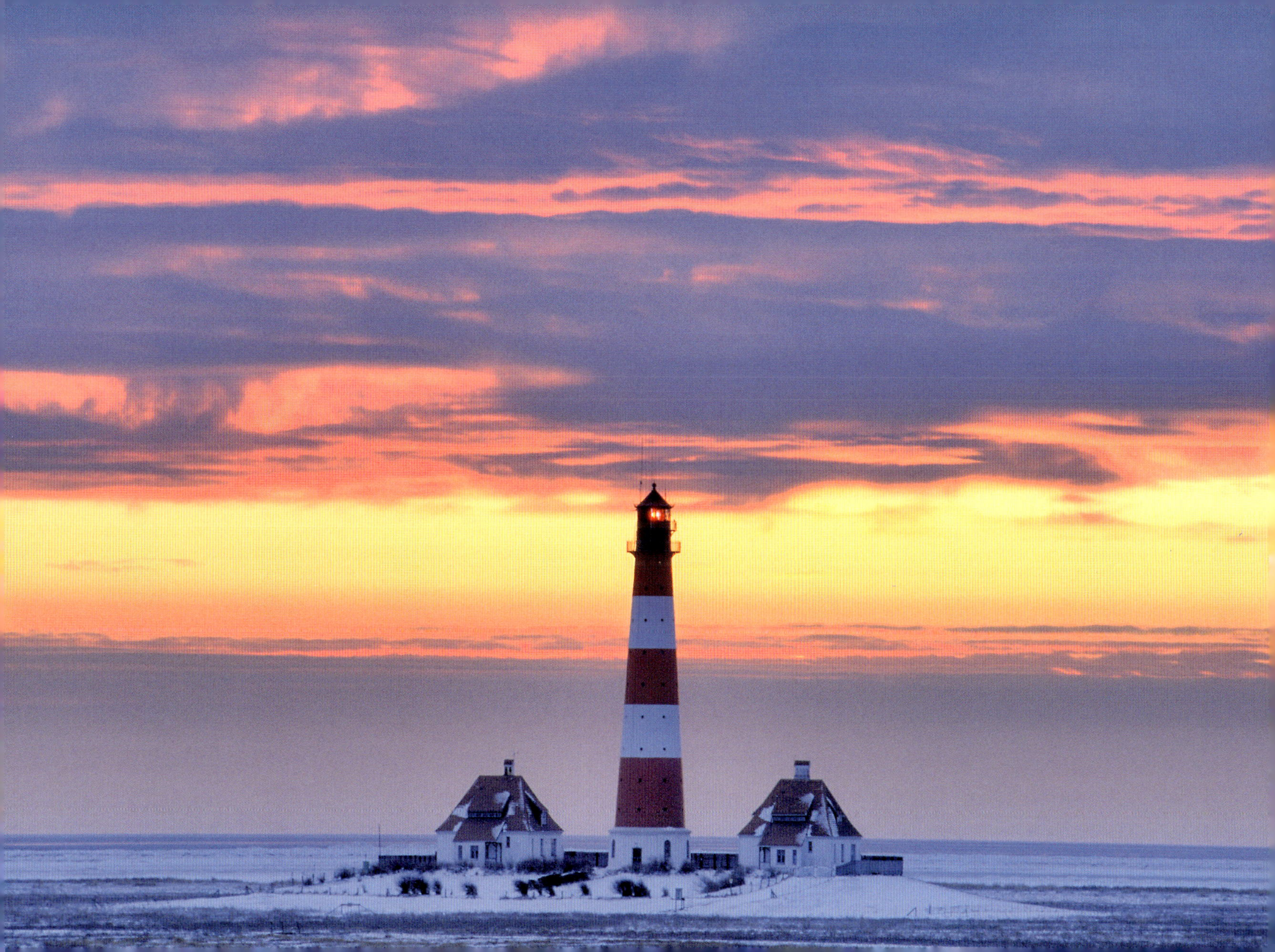

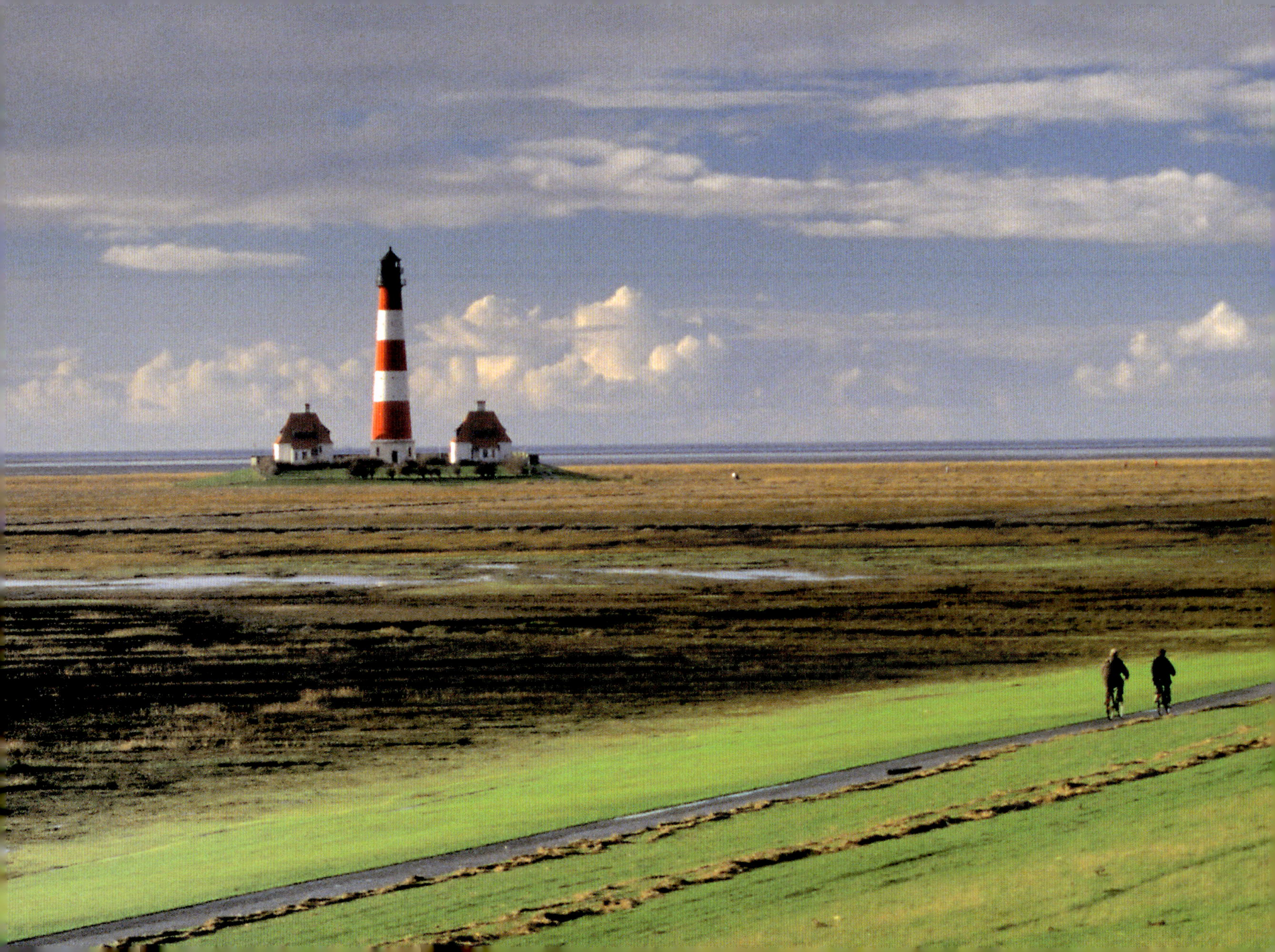

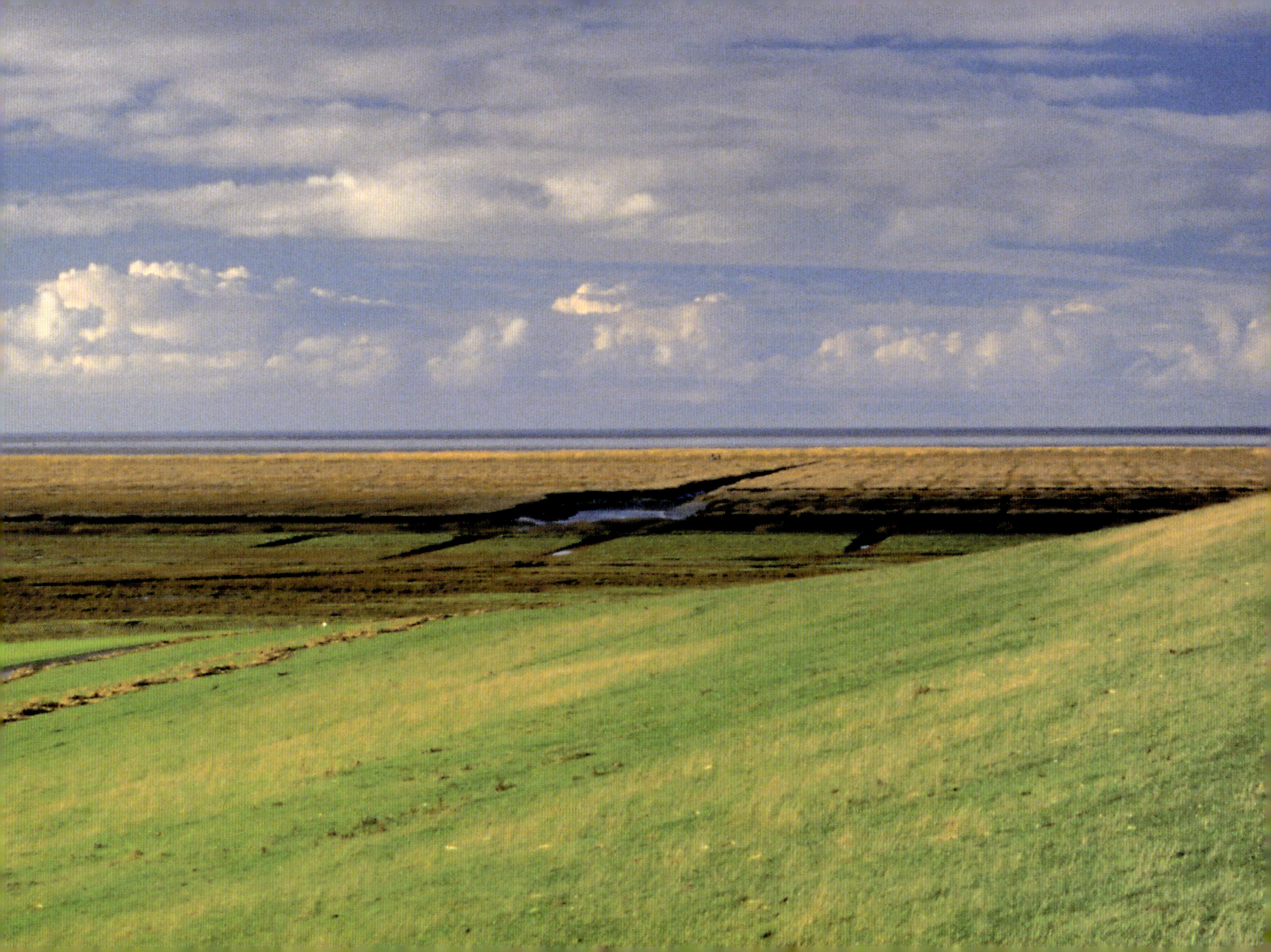

Hohe See

Präzise wie ein Uhrwerk sendet der Leuchtturm derweil seine Kennung hinaus auf hohe See

Hierbei kommt es weniger auf Fünf-Sterne-Komfort, sondern auf das Ambiente in einer Umgebung an, die andere nur als Postkartenmotiv kennen. Wer von hier aus die Gezeiten, die Dämmerung und das Morgengrauen hautnah erlebt, fühlt sich dem Himmel näher.

Höchste Zeit zur Umkehr – auch wenn's irgendwie schwerfällt. Der Wind kommt jetzt von der anderen Seite, na klar, und der Regen prasselt scharf auf die Gesichtshaut. Wie kleine Nadelstiche wirkt das. Der Blick auf die Weite des Wattenmeeres mit dem gerade noch hellen Horizont einerseits und dem sich mit der Dunkelheit vereinigenden Deich andererseits lässt solche Kleinigkeiten im Nu vergessen. Präzise wie ein Uhrwerk sendet der Leuchtturm derweil seine Kennung hinaus auf hohe See: drei Unterbrechungen, 15 Sekunden Hellphase, drei Unterbrechungen. Fachleuten ist die Kennung von früher unvergessen: Backbord vier Blitze in 15 Sekunden, Steuerbord fünf Blitze in 18 Sekunden.

Schnellen Schrittes geht es zurück zur Ortschaft Westerhever, mit angereichertem Seelenleben. Die Eindrücke dieser Wanderung, so signalisiert das Großhirn, werden auf Ewigkeit abgespeichert.

Für Antrieb sorgt nicht nur der fortschreitende Abend, sondern die Aus-

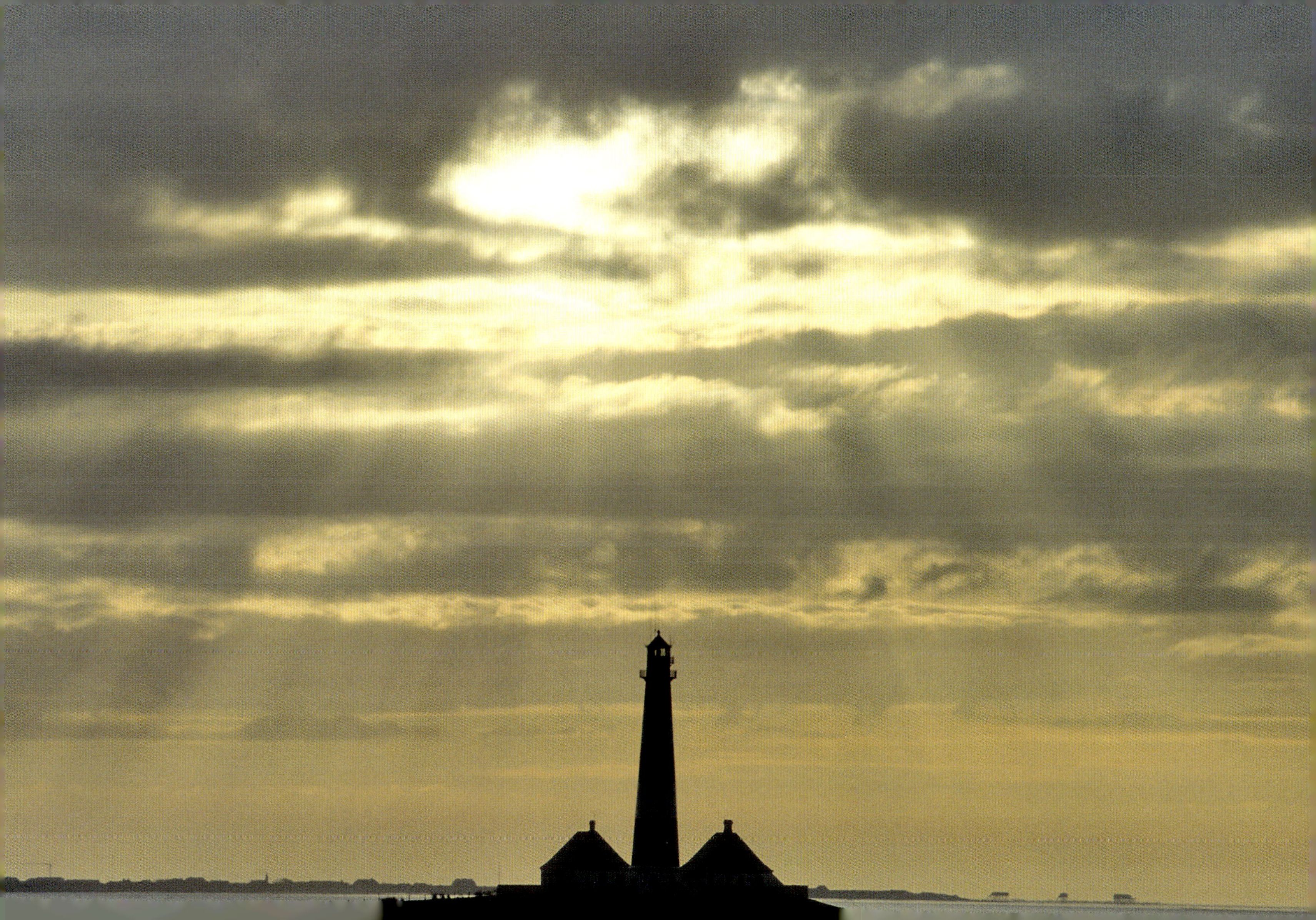

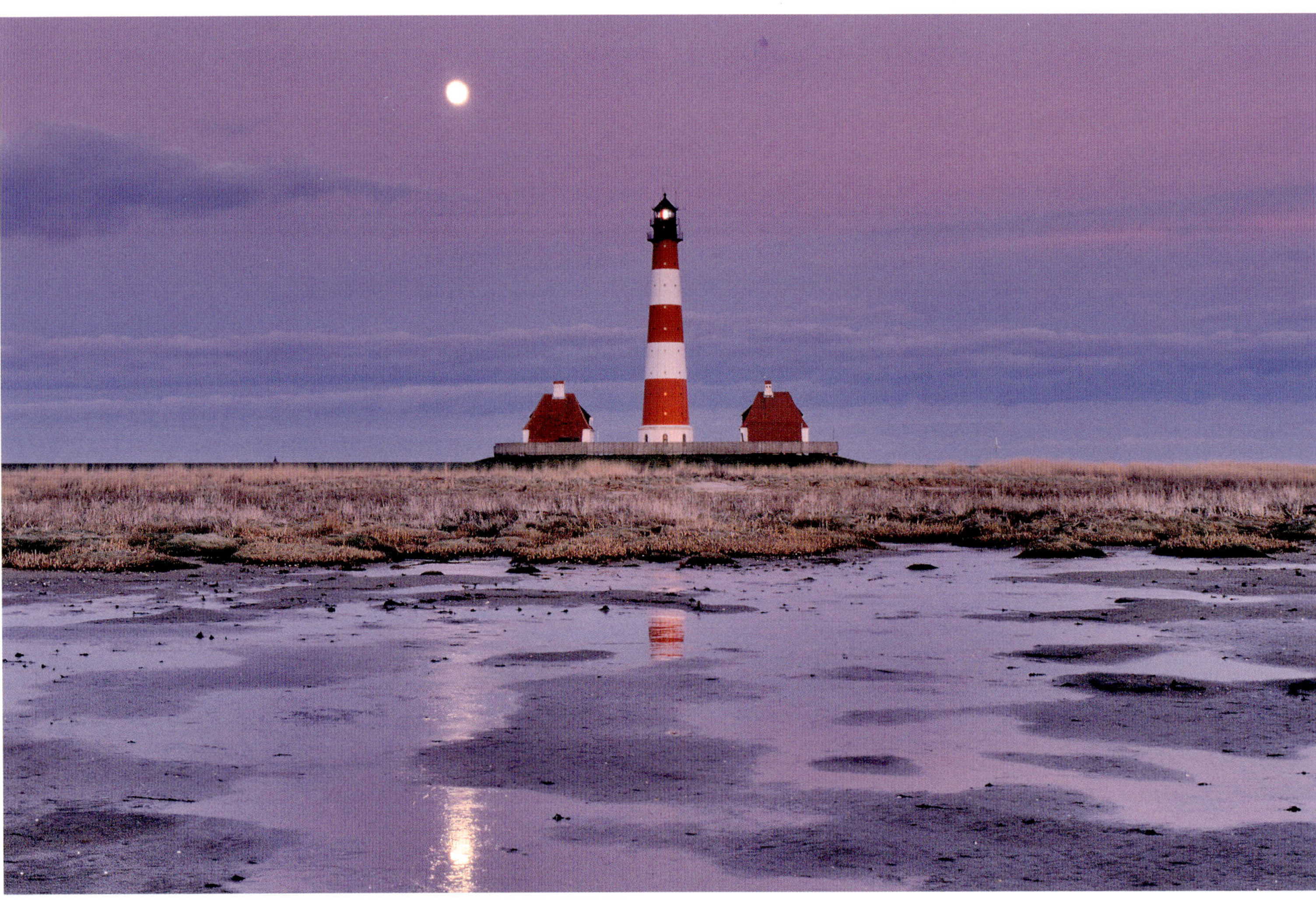

Der Störkönig

sicht auf das Treffen mit dem Leuchtturmwärter Heinrich Geertsen. Vom Deich sind es vielleicht zwei Kilometer zum Kirchspielkrug im Herzen Westerhevers – was bei aktuell 104 Einwohnern relativ zu verstehen ist. Irgendwann waren es viermal so viel. Bodenständiges Heimatbewusstsein der Verbliebenen hat unter dem personellen Aderlass nicht gelitten. Mit außerordentlichem Aufwand wurde 2004 eine beeindruckende Chronik Westerhevers aufgelegt. Auf 471 Seiten ist alles über die Historie der Gemeinde im Nordwesten Eiderstedts zu erfahren – und noch ein bisschen mehr. Stichworte: Dreißigjähriger Krieg und andere Auseinandersetzungen, die Ochsendrift von Husum, Schäferei am Westerdeich, Aussteuern von Hofbesitzertöchtern, enthauptete Sünderinnen, der Störkönig, Geheimrat Jessen oder die ersten Boßel-Protokolle.

Nicht nur das Titelbild, sondern auch viel Raum steht – natürlich – dem Leuchtturm Westerheversand zu. Inklusive einer Liste der Leuchtturmmannschaft, die zwischen 1908 (ein Jahr nach der Fertigstellung) und 1979 (der Automatisierung) in guten wie in schlechten Zeiten Feuer setzte. Wobei zu berücksichtigen ist, dass „Mann“ als Leuchtturmwärter auch früher eine Menge galt. Wer hoch

Enthauptete Sünderinnen, der Störkönig, Geheimrat Jessen oder die ersten Boßel-Protokolle

Leuchtturmwärter

Wobei zu berücksichtigen ist, dass „Mann" als Leuchtturmwärter auch früher eine Menge galt

oben alles unter Kontrolle hatte und allem möglichen Unbill trotzte, verfügte auch innerhalb der dörflichen Gemeinschaft über einen gehobenen Stellenwert.

Das begann anno 1908 mit Oberwärter Matthiesen und seinem Hilfswärter Hansen und setzte sich nach dem Zweiten Weltkrieg mit Heinrich Geertsen fort. Was der Senior ein Dutzend Jahre zuverlässig umsetzte, führte sein gleichnamiger Junior von 1965 bis 1979 fort. Und Heinrich Geertsen jun. ist auch jener, der mit seinem ererbten und erworbenen Wissen über den Leuchtturm und das Leben auf der Warft dafür Sorge trägt, dass dieses Kapitel norddeutscher Geschichte nicht vergessen wird. Ganz im Gegenteil! Heinrich Geertsen trug zum Gelingen der Westerhever Chronik bei, führt heute viele der Führungen durch und wirkt wie ein wandelndes Lexikon. „Ich bin ein Kind der Küste", stellt Geertsen im Anschluss an die Begrüßungszeremonie („Moin!" – „Moinmoin!") im Kirchspielkrug klar. Um hinzuzufügen: „Der Leuchtturm gehört felsenfest zu meinem Leben."

Das erstaunt wenig: Heinrich war neunzehn Jahre jung, als seine Eltern am 1. Mai 1954 die Dienstwohnung im Südhaus am Fuße des Leuchtturms bezogen. Der Vater betrieb nebenan, in Stufhusen, eine kleine Landwirtschaft

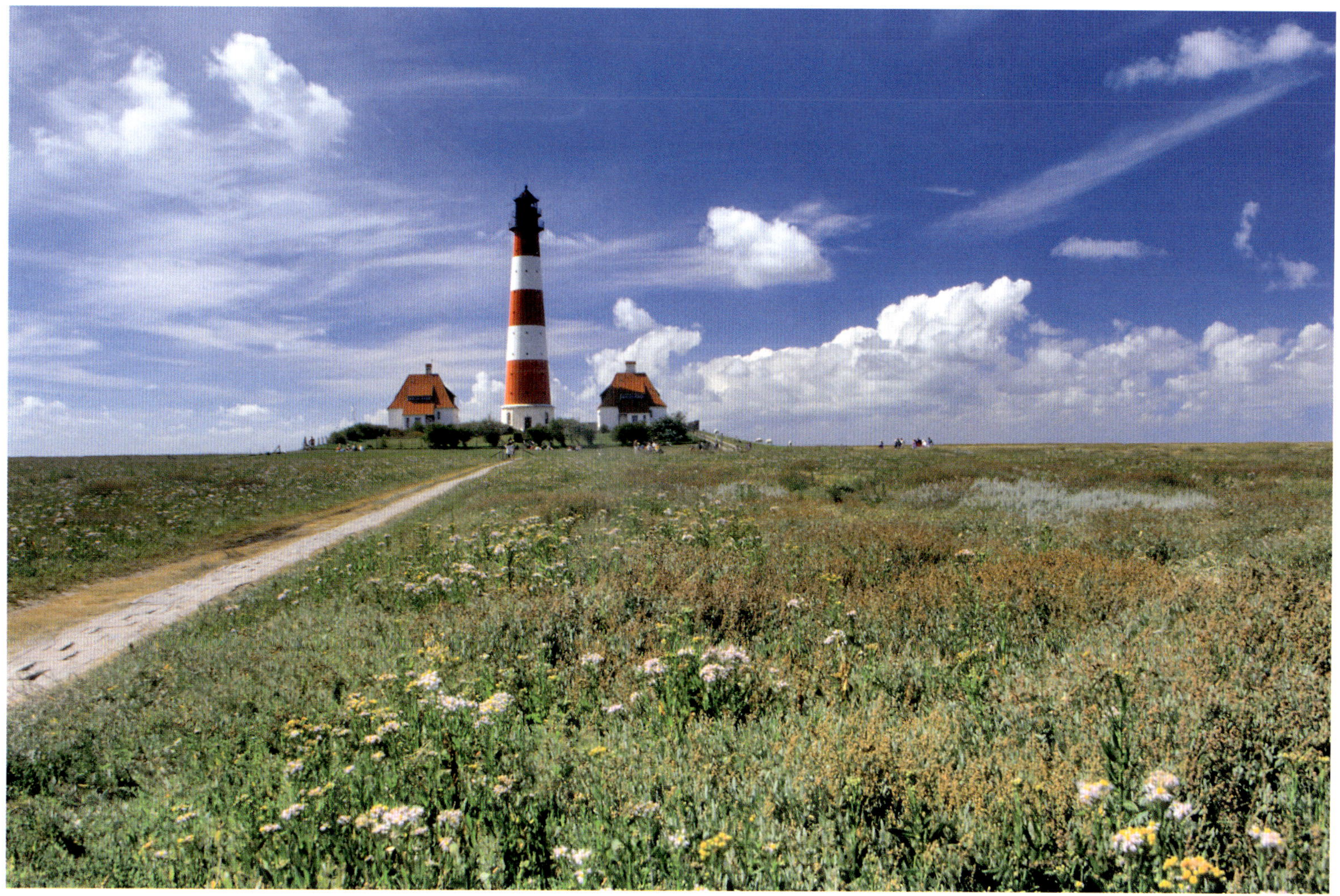

Küste

Ich bin ein Kind der Küste

und hatte seit 1939 immer wieder als Hilfswärter Urlaubs- und Krankheitsvertretungen übernommen. Und nicht selten war Heinrich jun. dabei, wenn Heinrich sen. in luftiger Höhe Dienst verrichtete. So etwas prägt.
Auch weil Wetter und Gezeiten den Lebensrhythmus bestimmten. Immerhin war 1950 ein Stromkabel durch das Vorland zum Deich gelegt worden, um den Familien dort Anschluss an die technische Neuzeit zu ermöglichen. Zudem war die Heizung modernisiert und von Kohle auf Heizöl umgestellt worden.

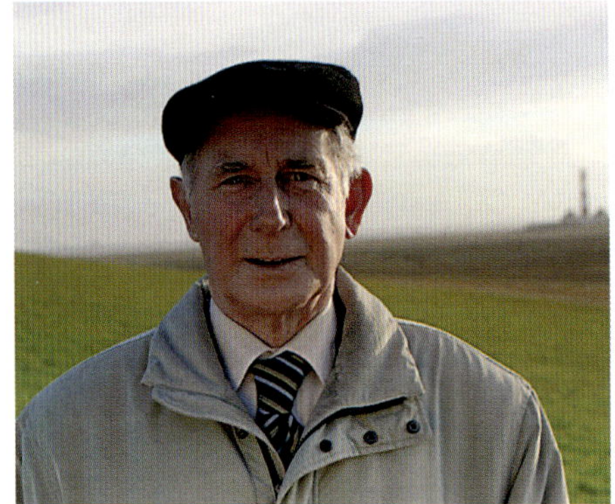

Heinrich Geertsen, letzter Wärter des Leuchtturms Westerheversand

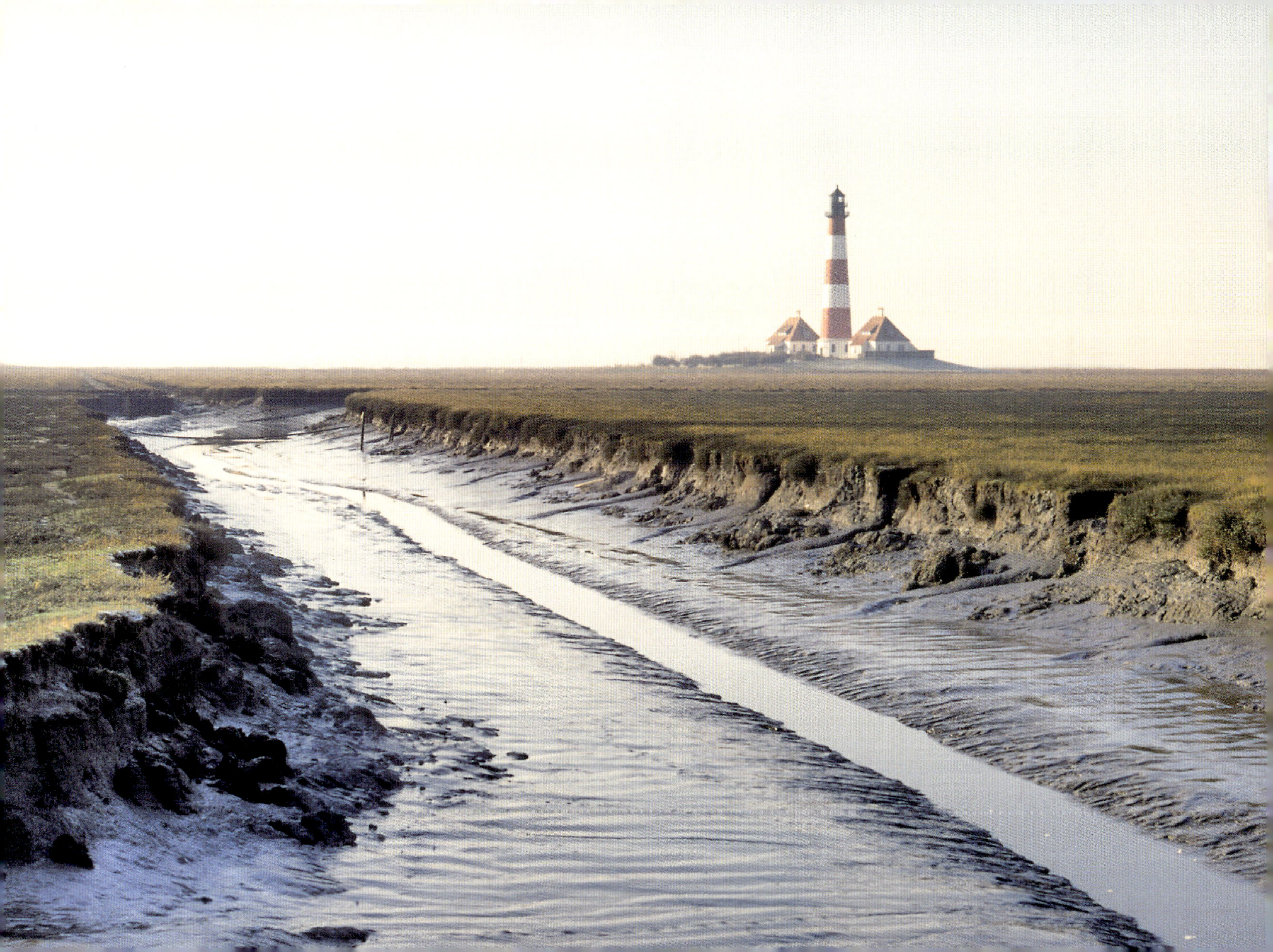

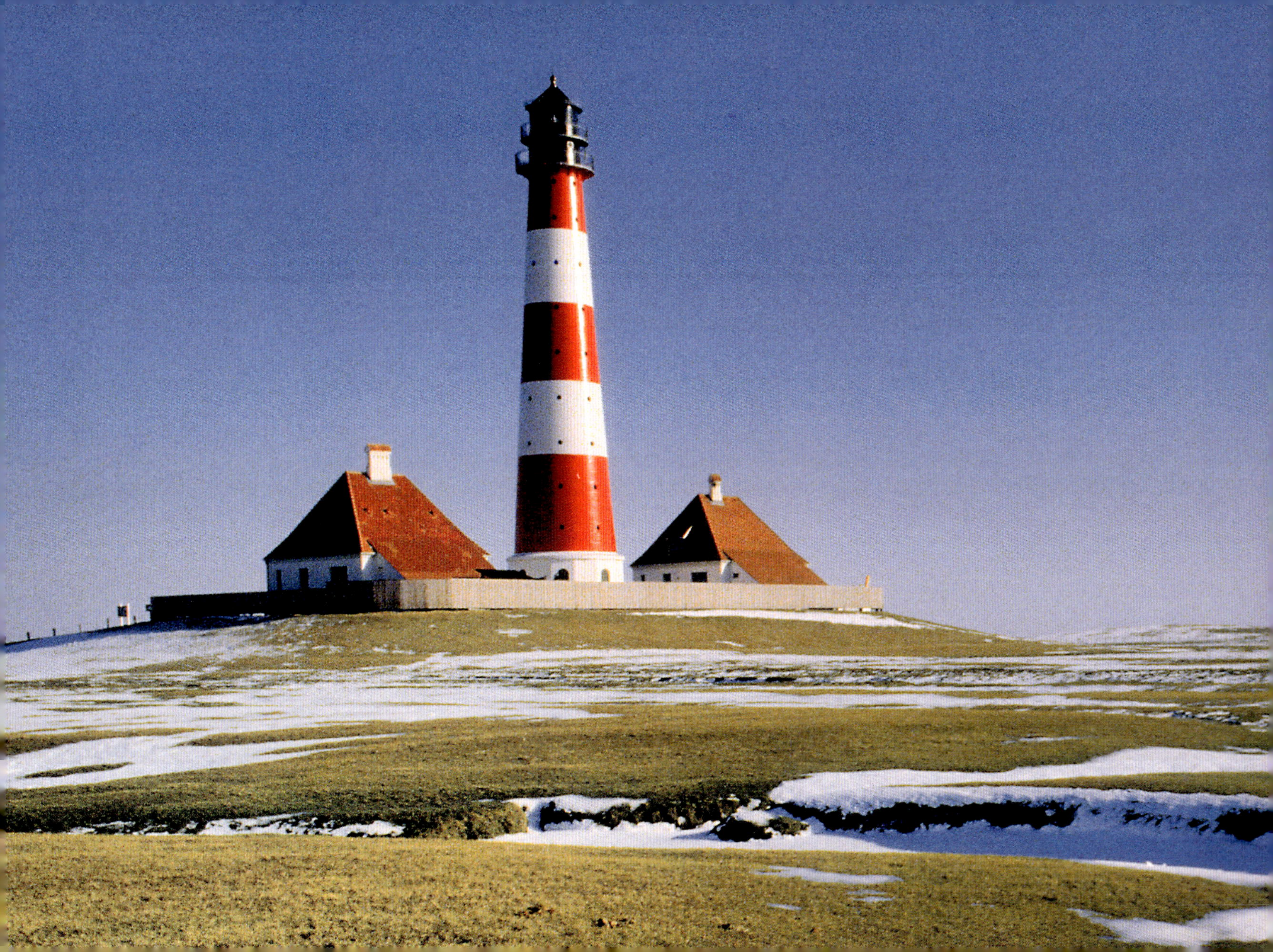

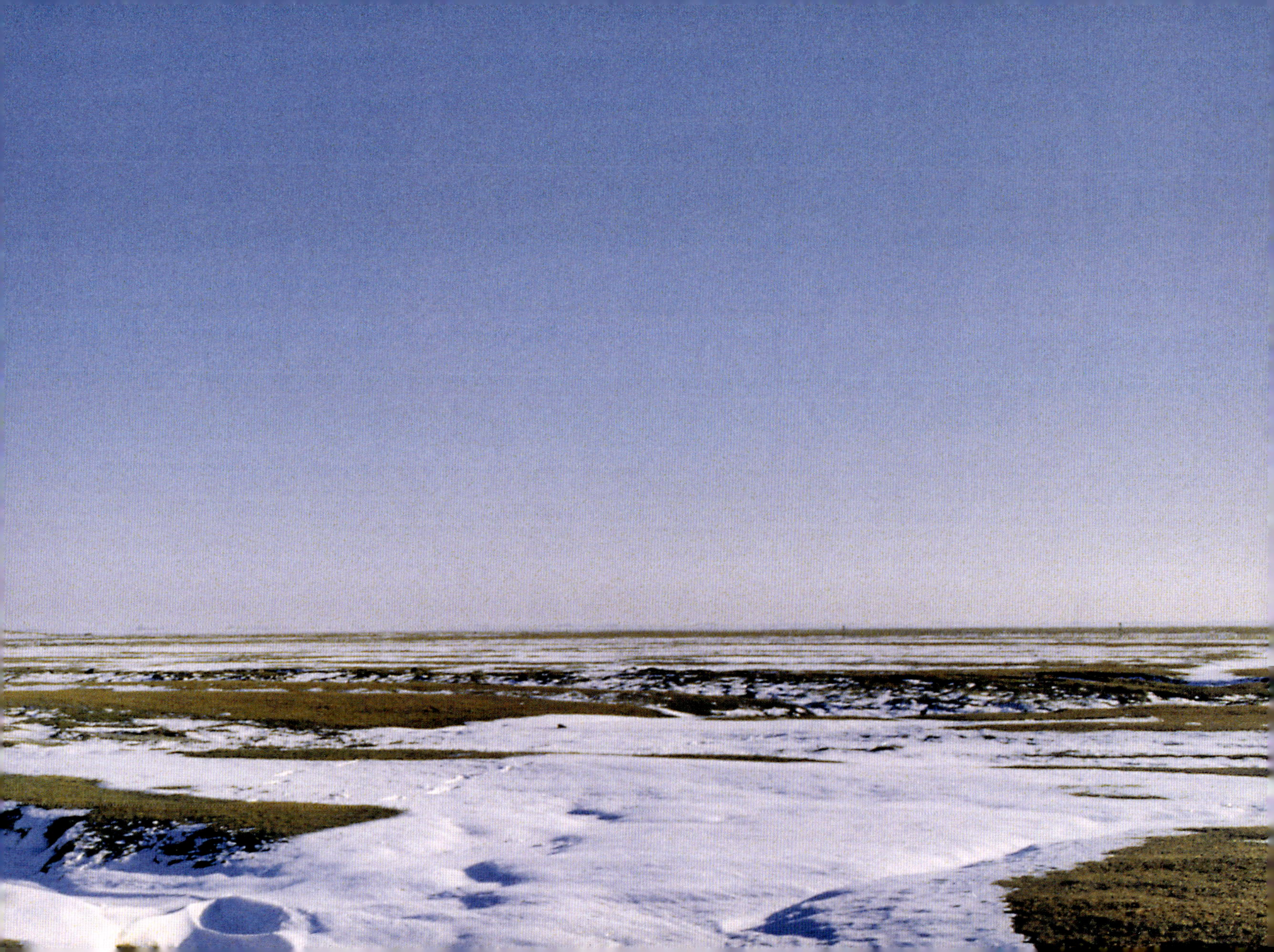

Land unter

Klar, dass Vorräte gebunkert wurden, schließlich gab es bei „Land unter" kein Hin und kein Her

Fortan konnte der Tankwagen während der trockenen Jahreszeit über Sandbank und Vorland anfahren, um die beiden 10 000 Liter fassenden Tanks für den Winter zu füllen. Lebensmittel und weiterer Proviant wurden früher mit dem Pferdefuhrwerk, später mit dem Fahrrad oder Moped herankutschiert. Klar, dass Vorräte gebunkert wurden, schließlich gab es bei „Land unter" kein Hin und kein Her.

Derweil Heinrich Geertsen vom Alltag im Wattenmeer Bericht erstattet, genießt der Zuhörer Geschichten über vergangene, aber keineswegs vergessene Tage. Und erfreut sich dabei im Anschluss an die nasskalte Wattwanderung zum Leuchtturm der behaglichen Atmosphäre im Kirchspielkrug und der erwärmenden Gastfreundschaft des Besitzer-Ehepaares. Nicht nur im Sommer, zunehmend auch während der kalten Jahreszeit wissen Gäste von nah und fern den Komfort in Hotel und Restaurant zu schätzen. Gerne auch bei dem einen oder anderen „Pharisäer", wenn draußen Sturm peitscht und Regenschauer drohen, wenn drinnen Kerzen brennen und frisch das Fassbier zischt. Hoch lebe der Kontrast zwischen deftiger Natur hinterm Deich und kuscheliger Gemütlichkeit in der guten Gaststube!

Auch das hat Tradition in Westerhever. Anno 1911 beantragten Bertha und

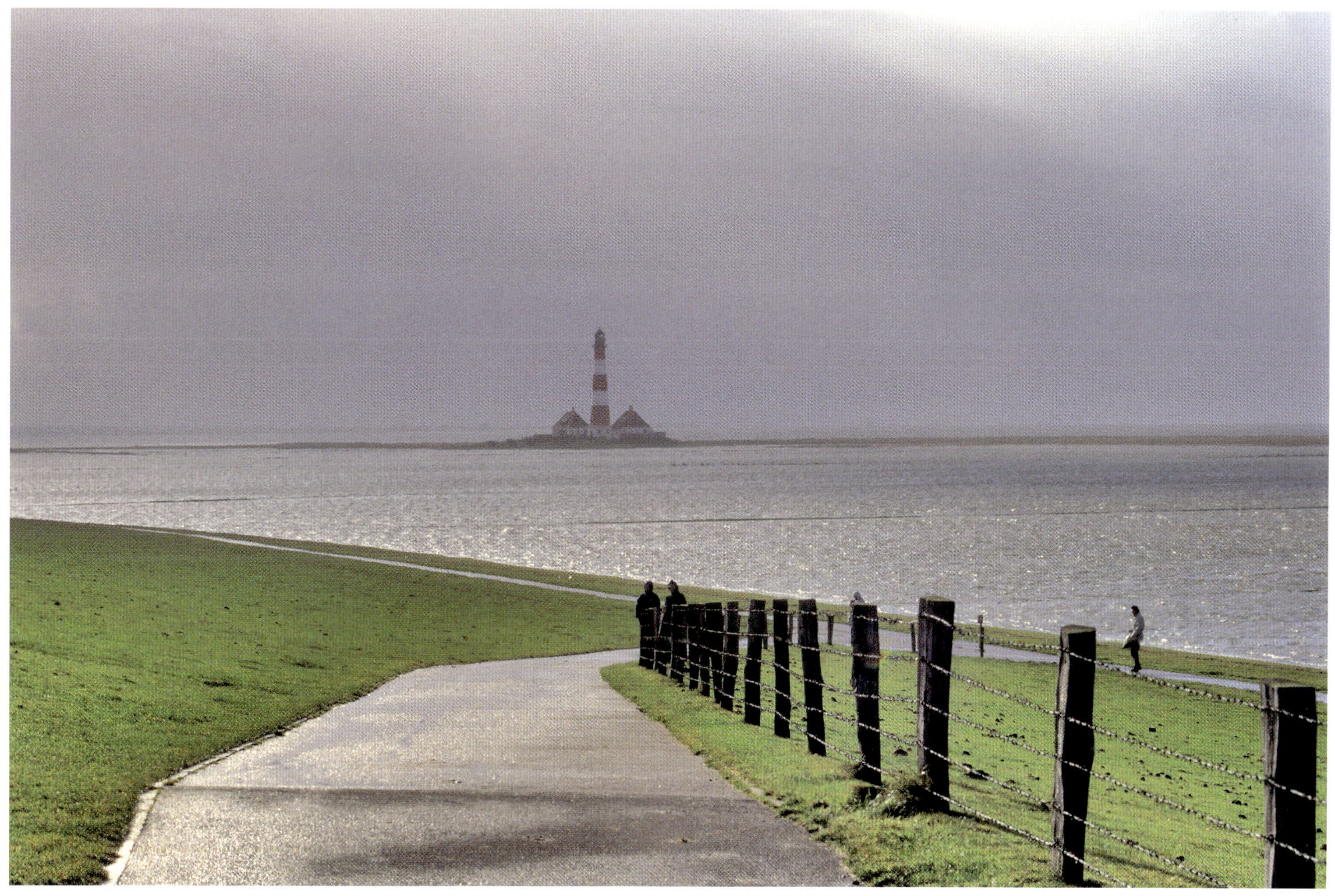

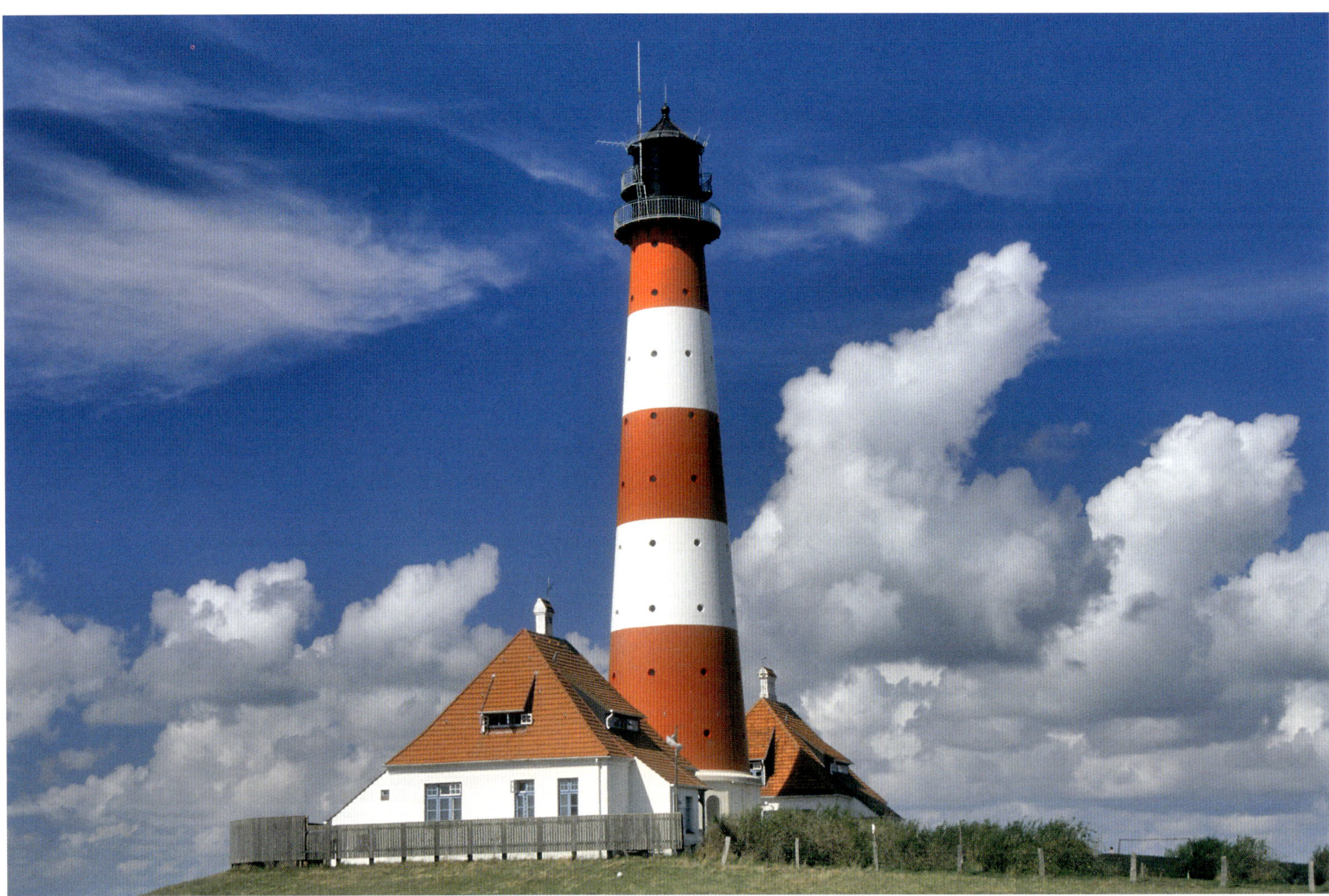

Gotteshaus

Sievert von Ahnen den Abbruch und Neubau einer Gast- und Schankwirtschaft plus Kolonialwarenhandlung. Voraussetzung für die Einstufung als „Kirchspielkrug" war die Einrichtung einer „besten Stube". In diesem Raum durften bedeutende Persönlichkeiten des Dorfes und der Gemeinde tagen – unter Ausschluss der Öffentlichkeit, versteht sich. Wie in einem Kirchspielkrug üblich, verwahrte der Wirt auch den Schlüssel des Gotteshauses. Was auch in Westerhever von praktischem Nutzen ist, da Schankwirtschaft und Kirche vis-à-vis liegen. Zudem wird Hochgeistiges hier wie dort serviert. Es passt ins Bild exzellenter Verbindungen, dass Heinrich Geertsen, letzter Wärter des Leuchtturms Westerheversand, als Küster der Gemeinde aktiv ist. Das bringt eine Menge Arbeit, aber auch eine gute Portion Ehre. Wem ist es schon vergönnt, in einer Kirche Gottes Dienst zu tun, die über ein solches Ausmaß an Tradition verfügt? Historiker rekonstruierten, dass es Sankt Stephanus schon anno 1236 als Kapelle gegeben haben muss. Auf einer alten Seekarte von 1648 ist sie als „Olde Westerheuer Capell" eingezeichnet.

Heute beeindruckt die rote Backsteinkirche mit ihrer schlichten Würde, die auf jede Form von Pomp und Protz verzichtet. Typisch norddeutsch eben!

Wie in einem Kirchspielkrug üblich, verwahrte der Wirt auch den Schlüssel des Gotteshauses

Typisch

Typisch norddeutsch eben

Stolz steht sie da – auf einer so hoch angelegten Warft, dass selbst bei extremem Hochwasser nichts „den Bach runter" gehen kann. Zumal heutzutage ja der aufgeschüttete Deich zusätzlichen Schutz bietet.

Damals wie heute ist der Kirchturm auch von See aus zu sehen. Und zwar so markant und von weither zu erkennen, dass Sankt Stephanus nach wie vor als Seezeichen auf Karten eingetragen ist. Bis zum Bau des Leuchtturms 1907 diente die Kirche der Schifffahrt als wichtige Orientierungshilfe.

Womit der Kreis zu Heinrich Geertsen geschlossen ist. Wohl dem, der von ihm aus erster Hand über die vergangenen Jahrzehnte informiert wird. Geertsen antwortet geduldig – und gerne. Weil er eine liebenswürdige und hilfsbereite Seele von Mensch ist, aber auch weil er so dazu beiträgt, die Geschichte „seines" Leuchtturms am Leben zu halten. Sonst wäre der rot-weiß getünchte Turm nur ein stummer Zeuge einer großartigen Ära.

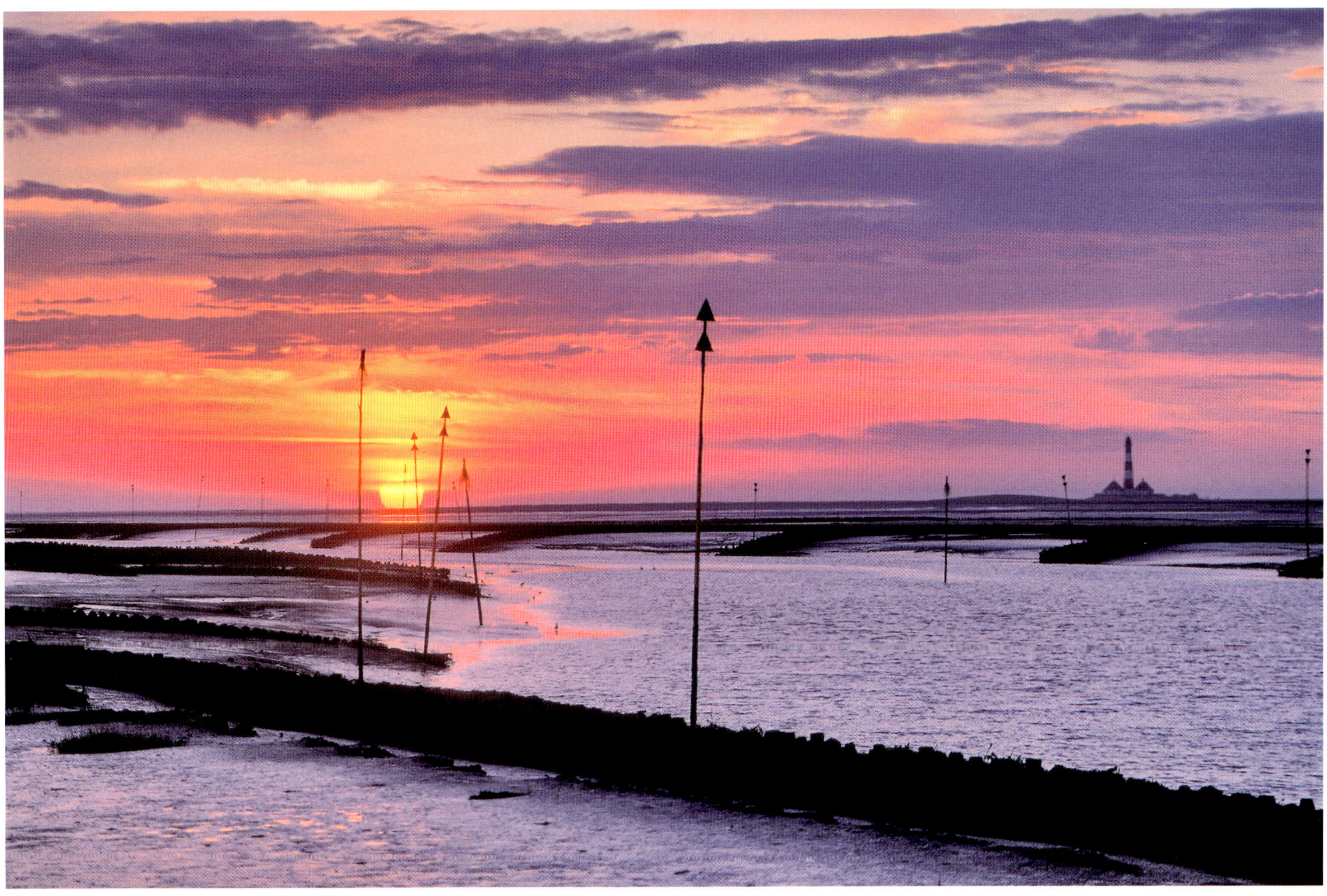

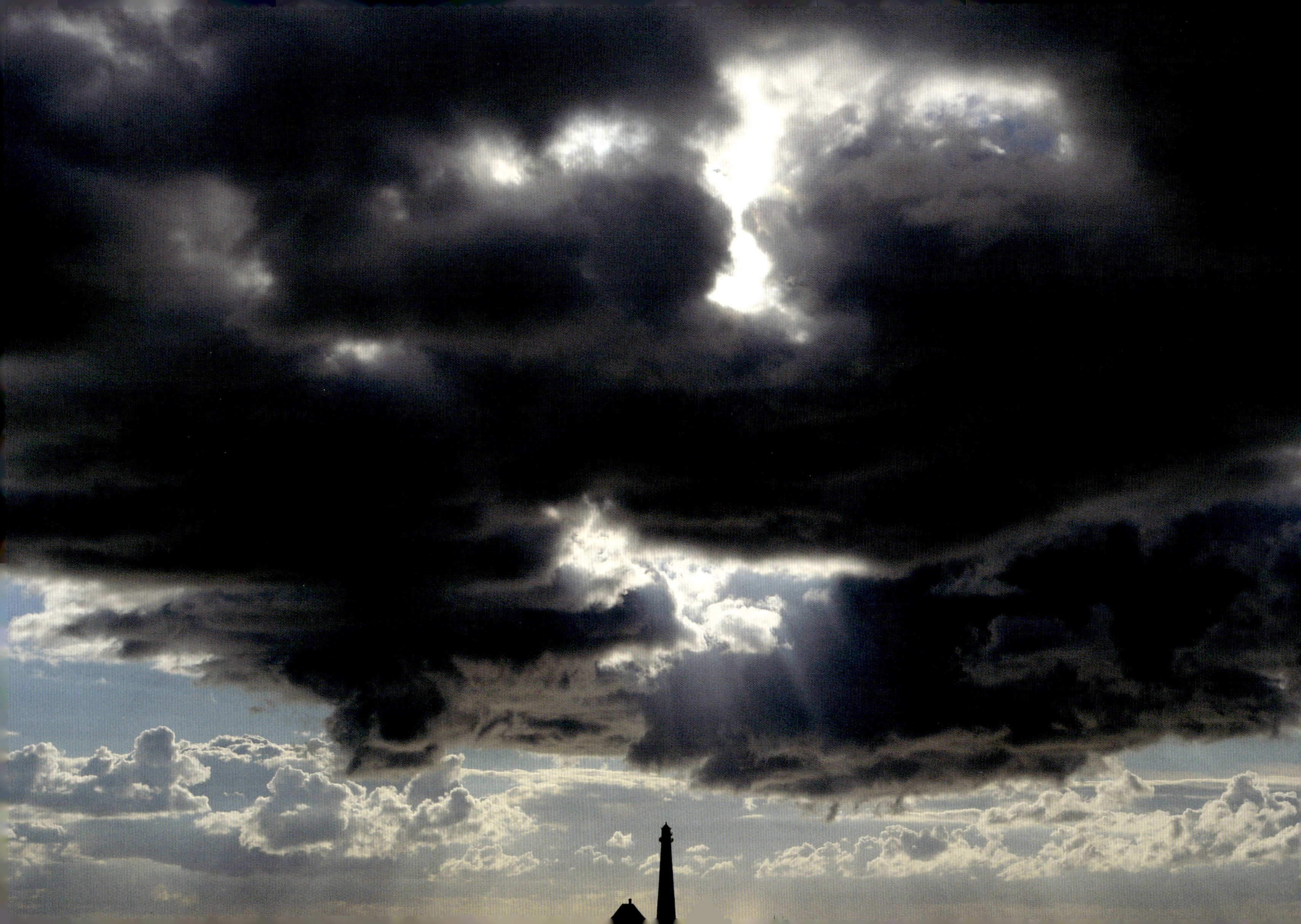

Höllenrespekt

Von einstmals rund 697 Westerhever Bürgern im Jahre 1860 sind gerade einmal 104 im Ort geblieben – allzu viele Zeitzeugen existieren folglich gar nicht mehr.

Unvergessen ist Heinrich Geertsen der Sommer 1965. Zum 1. August hatte er, ein junger Mann von dreißig Jahren, den Dienst als Leuchtturmwärter übernommen. Mit der Konsequenz, dass die kleine Familie im Häuschen auf der Warft Einzug hielt. „Ohne die Zustimmung meiner Traute hätte ich den Job nicht angenommen", erinnert sich Geertsen. „Zu sehr unterscheidet sich das Leuchtturmleben vom Alltag auf dem Festland."

Das ganze Ausmaß dieses etwas anderen Daseins im Wattenmeer registrierte Traute Geertsen am Tag des Einzugs am eigenen Leibe. Nachdem die Möbel mehrfach mit einem Treckergespann zur Turmwarft geschaukelt und mit Helfern aus dem Freundeskreis in die Wohnung gehievt worden waren, rückte die Ehefrau als Letzte an. Mit dem sechs Wochen alten Sohn im Kinderwagen durch das Wasser watend. Auf dem Vorland war mal wieder Land unter.

„Hut ab", sagt Heinrich Geertsen rückblickend. „Ich hatte damals einen Höllenrespekt vor meiner couragierten Frau – und ich habe ihn nie verloren."

Ich hatte damals einen Höllenrespekt vor meiner couragierten Frau – und ich habe ihn nie verloren

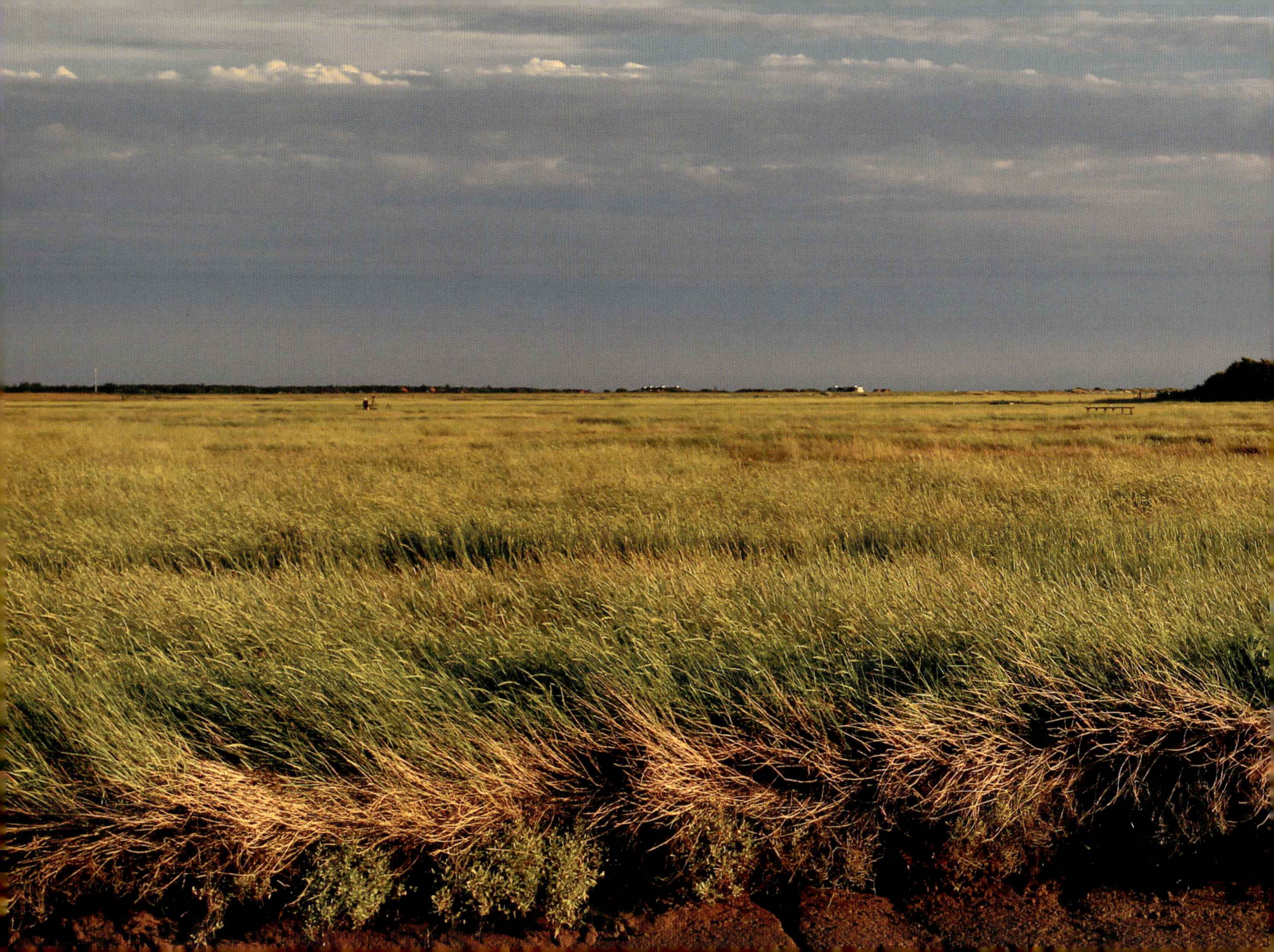

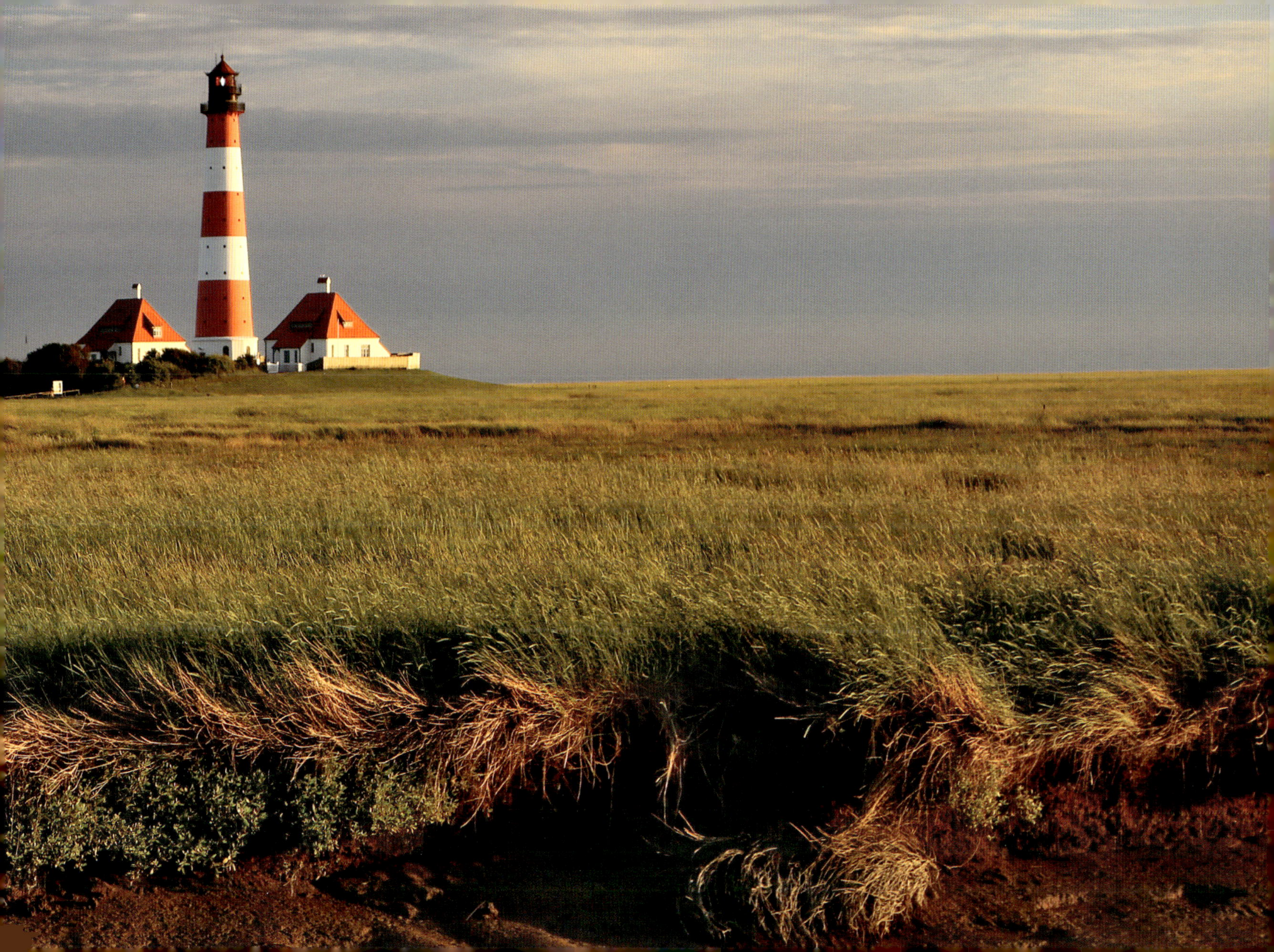

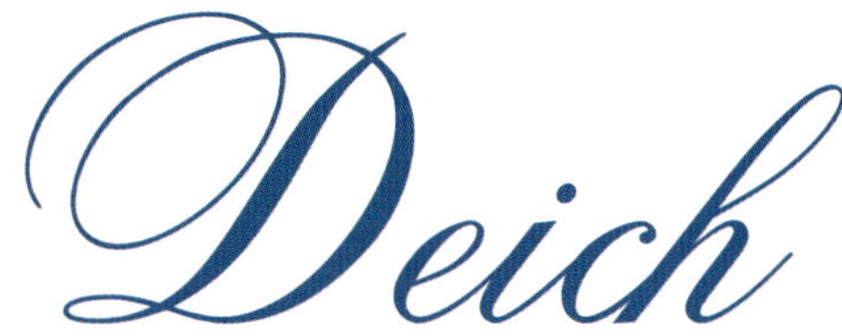

Seine Augen haben Feuer, wenn er von den 14 Jahren mit der eigenen Familie draußen vorm Deich berichtet

Zumal die Wasserpartie mit dem Sprössling nur der Anfang einer Zeit war, die zahlreiche gute Seiten, aber auch Mühsal und Entbehrung mit sich brachte.

Bis Sommer 1966, Deutschlands Fußballer waren just in England Vize-Weltmeister geworden, verrichteten Heinrich Geertsen sen. und Heinrich Geertsen jun. den Dienst gemeinsam. Dann zog der Vater hinter den Deich nach Stufhusen, um sich bis ins hohe Alter den Hobbys Bootsbau und Fischerei zu widmen. Als Ersatz zog Ernst August Petersen in das südliche Diensthaus.

Die beiden jungen Familien verstanden und ergänzten sich prächtig. Die Kinder besuchten später die zweiklassige Grundschule in Westerhever und freuten sich über manchen schulfreien Tag, wenn es mal wieder hieß: Land unter! Dann wurde zu Hause gebüffelt – nachdem der Unterrichtsstoff telefonisch erfragt worden war. Überraschte die Flut während des Festlandaufenthalts, blieben die Steppkes bei den Großeltern und anderen Verwandten auf dem Festland.

„Langweilig war es wahrlich nie", stellt Heinrich Geertsen fest. Lehnt sich auf der Bank des Kirchspielkrugs zurück, zunehmend in Fahrt kommend. Seine Augen haben Feuer, wenn er von den vierzehn Jahren mit der eigenen Familie draußen vor dem Deich berichtet.

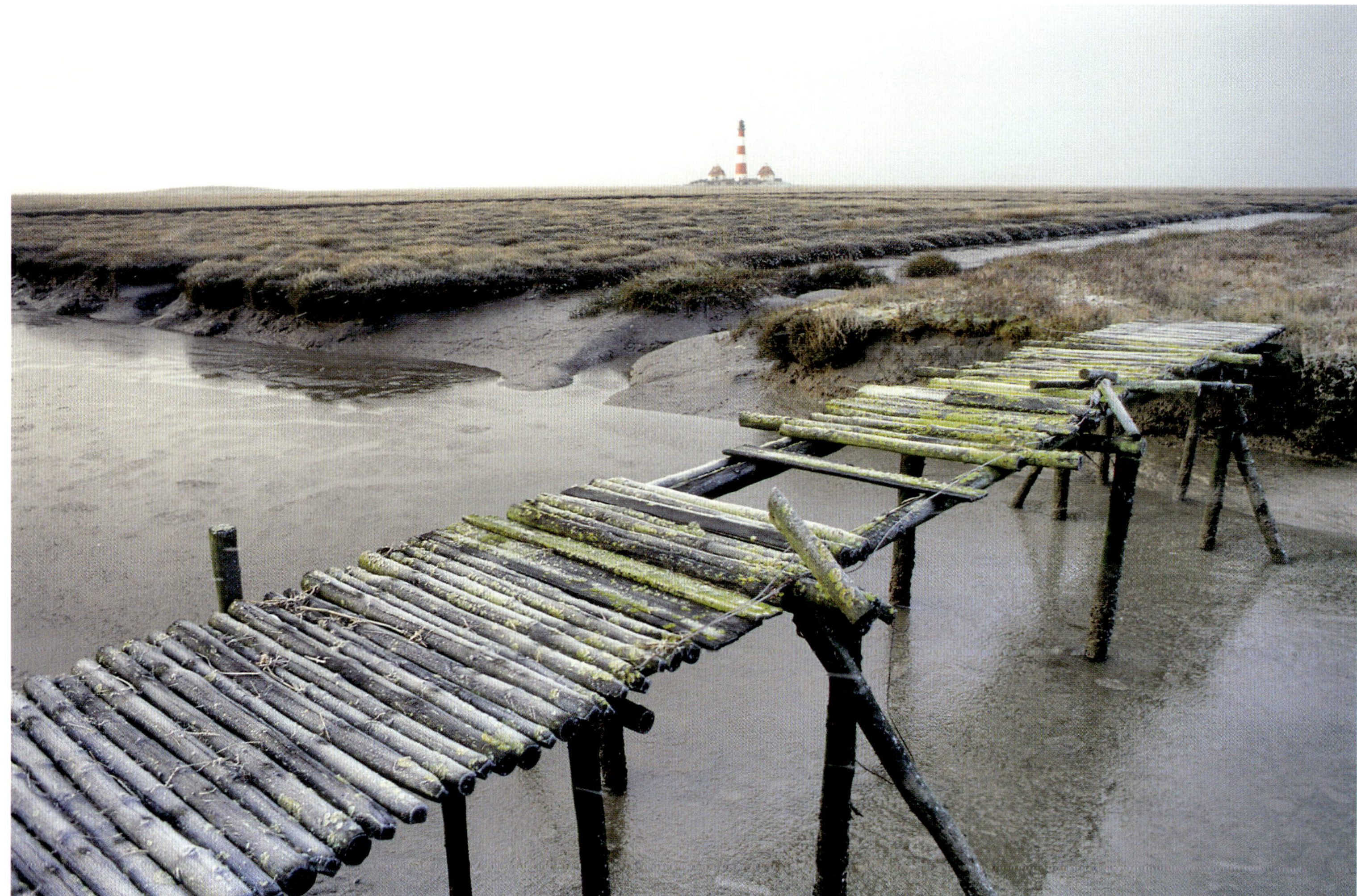

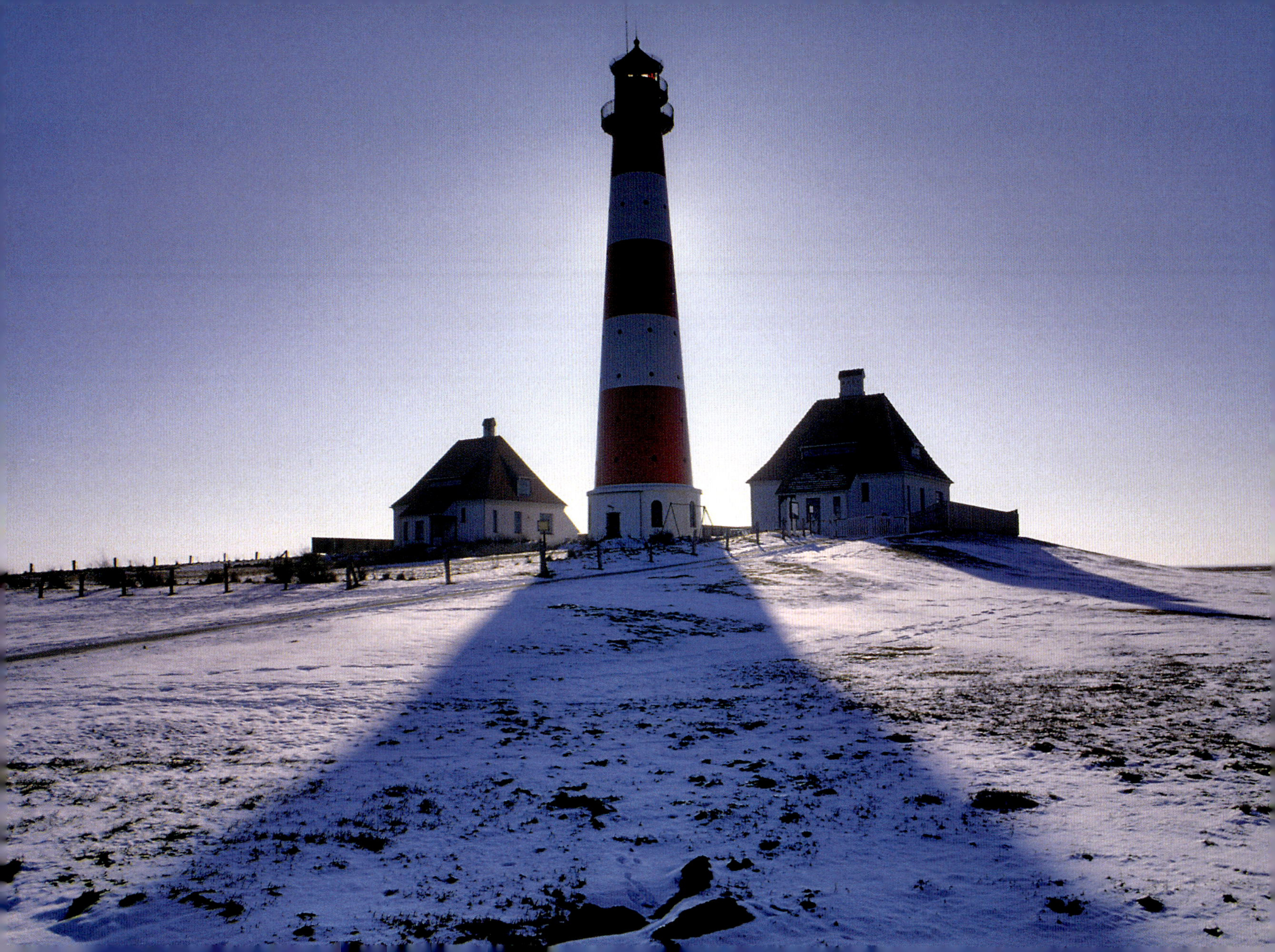

Gottvertrauen

Rechnet man die Zeit in seinem Elternhaus am Turm hinzu, so hat Heinrich Geertsen einen erheblichen Teil seines Lebens dort verbracht, wo das maritime Herz besonders intensiv schlägt.

Der alte Mann und das Meer ... Geertsen erzählt vom Fischfang quasi vor der Haustür. In den Sommermonaten ging es im nahen Priel zum „Buttpedden" oder bei auflaufendem Wasser per Boot zum Buttfischen. In dem großen Garten auf dem Ostteil der Warft wurden Kartoffeln und Gemüse angebaut. Das sparte Geld und ersparte viele Einkaufstouren auf dem Festland. Schon die Eltern hatten Tiere gehalten – Kühe, Schafe, Schweine –, doch war damit nach der Sturmflut Schluss. Ebenso wie während der Naturkatastrophe 1976 empfanden es die Menschen zwar als unheimlich, als Turm und Diensthäuser im Zentrum tosender Fluten und hoher Gischtberge standen, doch so richtig Angst habe man nie gehabt. Gottvertrauen sowie die Gewissheit stabil errichteter Gebaude schufen Sicherheit.

„Man muss seinen Job lieben, dann ist nichts ungemütlich", bringt Heinrich Geertsen seine Berufsauffassung auf den Punkt. Ohne die Vergangenheit zu verklären, beschreibt er die einsamen Nächte oben im Wachraum als konse-

Gottvertrauen sowie die Gewissheit stabil errichteter Gebäude schufen Sicherheit

Harte Arbeit

Was man herkömmlich für romantisch hält, war letzten Endes harte Arbeit

quente Arbeit. In den Ruhephasen wurde gelesen, des Nachts auch mal auf einer Liege geruht. Manchmal schrieb „Mister Zuverlässig" auch, zum Beispiel an Hochzeitszeitungen. Oder schliff und polierte Bernstein, den die Frauen bei langen Wattspaziergängen gefunden hatten. Das zumindest kam einem Hauch von Romantik nahe ...

Ohnehin kann Heinrich Geertsen nur darüber schmunzeln, was Landratten in das Leben eines Leuchtturmwärters hineininterpretieren: „Was man herkömmlich für romantisch hält, war letzten Endes harte Arbeit." Dennoch erinnern sich das Ehepaar Traute und Heinrich Geertsen ebenso wie Sohn und Tochter gerne an die für sie einmaligen Jahre am und im Turm. Nicht mit Wehmut oder gar Schmerz, wie übereinstimmend gesagt wird, sondern mit dem Rückblick auf ein abgeschlossenes Kapitel eines etwas anderen Lebens.

Und dass der Turm heute unbesetzt ist und vollautomatisch betrieben wird? „Das ist der Gang der Zeit", entgegnet Heinrich Geertsen nach einem bedächtigen Schluck. Er hänge der Vergangenheit keineswegs mit gebrochenem Herzen nach, sagt aber dennoch sehr betont: „Mein Leben ist mit dem Leuchtturm verbunden – und das bleibt auch so."

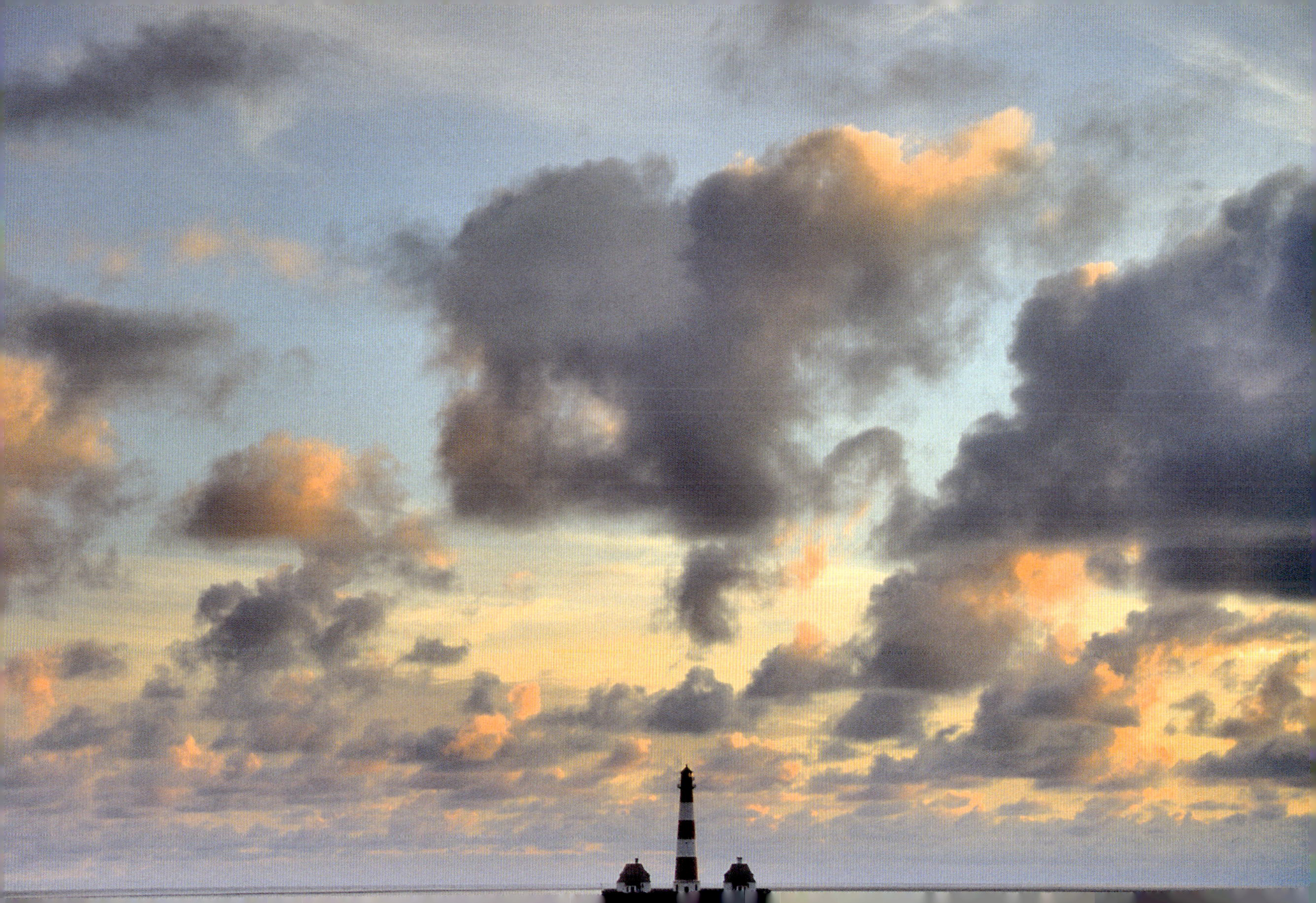

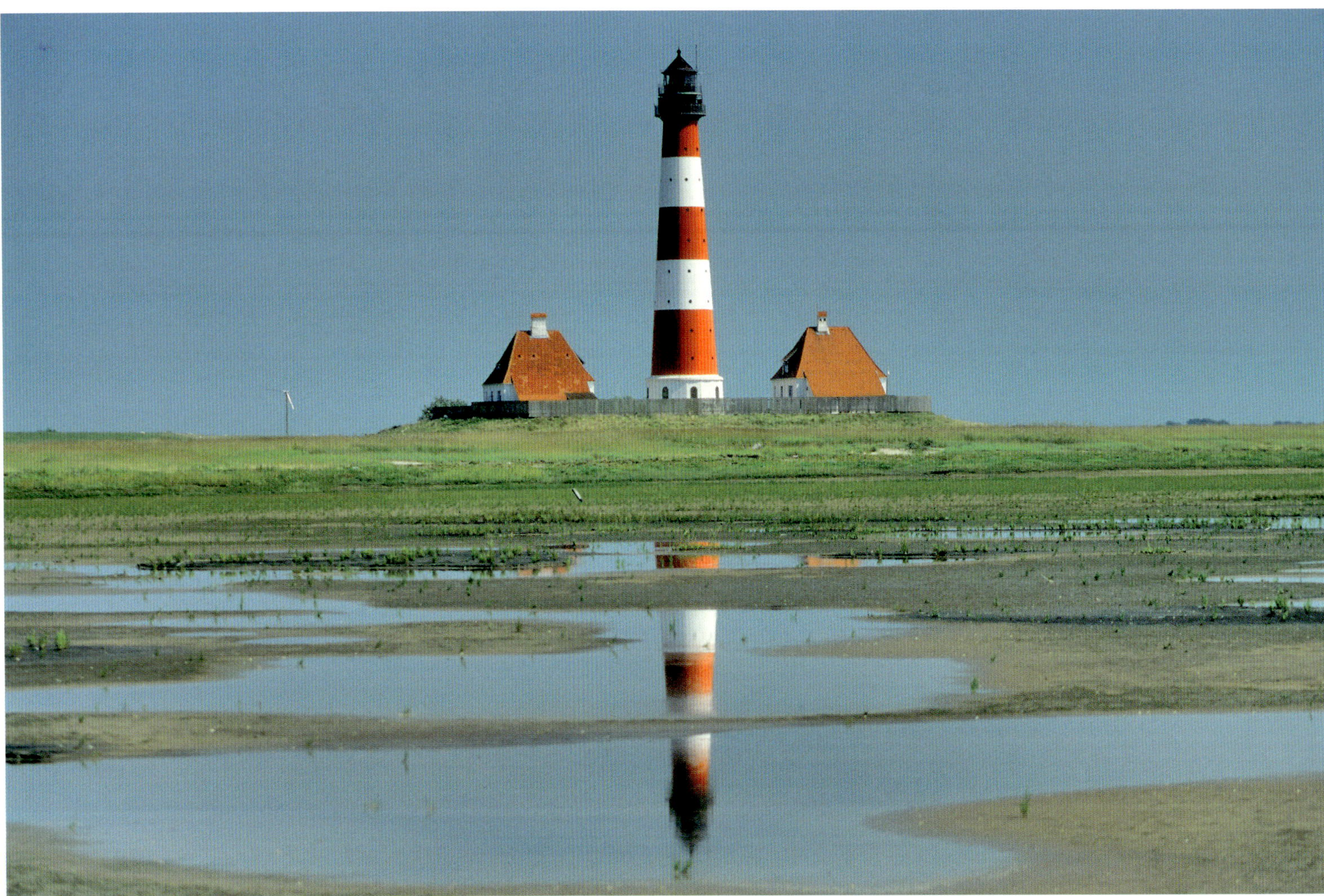

Anekdoten

Weit besser als ein Leben am seidenen Faden übrigens – diese Anekdoten gibt Heinrich Geertsen am Ende eines langen Tages dann doch noch zum Besten. Weil sie letztlich zu einem Happy End führten.

So wie am 22. August 1975, als ein Starfighter des Marine-Geschwaders aus Eggebek ins Wattenmeer stürzte – nur der Schleudersitz rettete das Leben des Piloten. Auch den 15. März 1976 hat Heinrich Geertsen unvergesslich abgespeichert. Wieder verunglückte ein Starfighter über dem Wattenmeer. Ursache: Vogeleinschlag ins Triebwerk. Wieder wurde der Pilot aus der Maschine katapultiert, diesmal indes mit unsanfter Landung auf einer Sandbank. Geertsen hatte das Drama von der Leuchtturmwarft aus gesehen, sofort die Polizei informiert und sich mit seinem Moped in Bewegung gesetzt. Am Unglücksort, in rund 1,5 Kilometern Entfernung, lag der Offizier mit einer Wirbelsäulenverletzung hilflos am Boden. Geertsen leistete Erste Hilfe, stützte den Verletzten und sorgte für eine stabile Lage.

20 Minuten später waren die Rettungssanitäter mit dem Hubschrauber da. Im Hospital in Heide wurde diagnostiziert: zwei Rückenwirbel gebrochen.

Erster Akt dieser Tragödie mit gutem Ausgang: Ende 1977 traf auf dem

Anekdoten gibt Heinrich Geertsen am Ende eines langen Tages dann doch noch zum Besten

Mensch

Am Steuer saß ein glücklicher Mensch

Leuchtturm ein Dankesbrief des Kapitänsleutnants ein. Inhalt: Er lerne wieder laufen, es gehe voran. Zweiter Akt: 1979 parkte ein Cabrio vor Geertsens Haus. Am Steuer saß ein glücklicher Mensch. Danke, Heinrich Geertsen!

„Das hätte auch ganz anders ausgehen können", stellt der Leuchtturmwärter später fest. Um verbal noch eine Portion nachzulegen und Bericht zu erstatten von jenem bedauernswerten Federvieh, welches bisweilen gegen die Fenster des Turms prallte – und diese sogar durchschlug. Des einen Leid, des anderen Freud. Manche Gans landete so unfreiwillig bratfertig auf dem Boden der Tatsachen. Mehr als einmal mit einer kleinen kulinarischen Rache. „Wenn die Gänse auf den Salzwiesen groß wurden, schmecken sie tranig", weiß Geertsen, „dann stinkt das ganze Haus." Das ist ein Grund mehr für Traute und Heinrich Geertsen, sich knuspriger Keulen und Brüste lieber in der Gaststube des Kirchspielkrugs zu erfreuen. Und so möge es noch sehr, sehr lange bleiben.

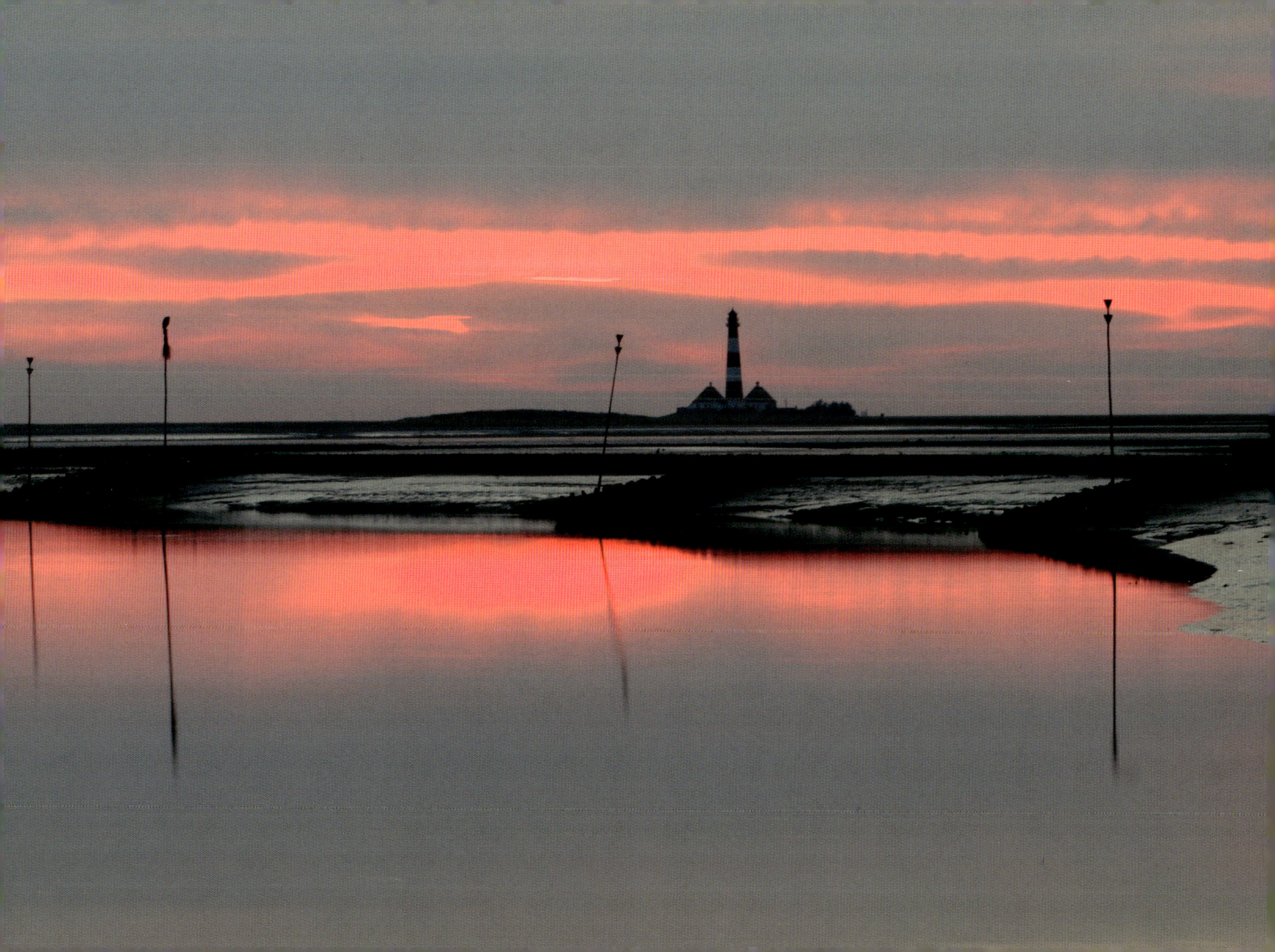

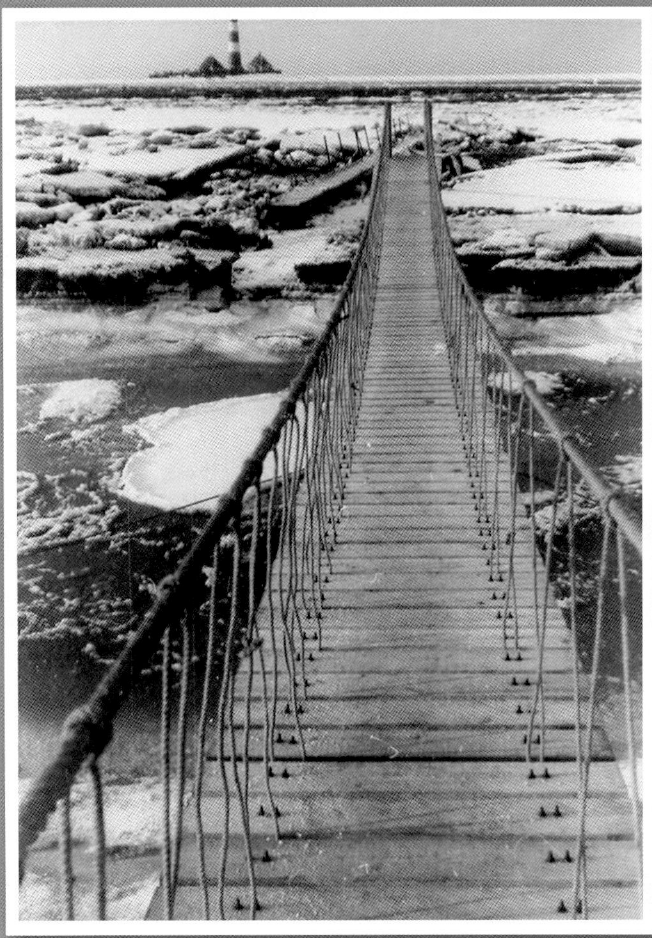

Um trockenen Fußes zur Leuchtturm-Warft zu gelangen, bediente man sich auch einer Hängebrücke.

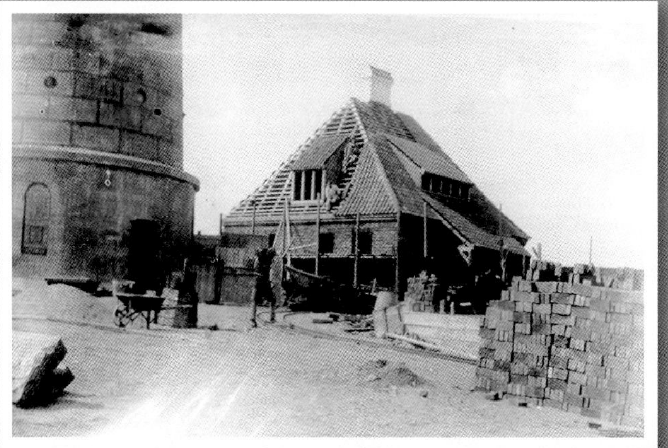

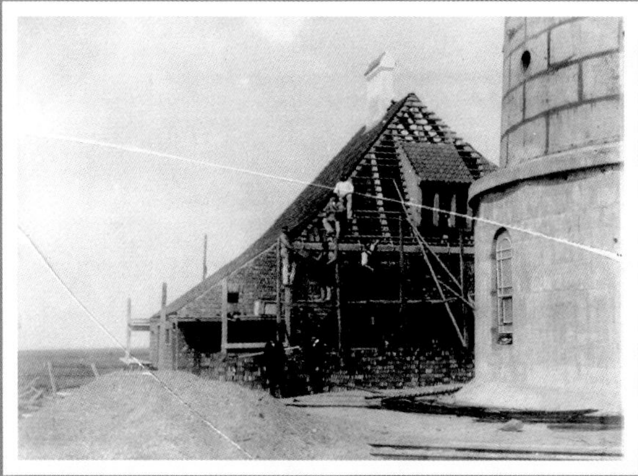

Die Handwerker arbeiteten täglich 10 Stunden – für 55 Pfennige Stundenlohn.

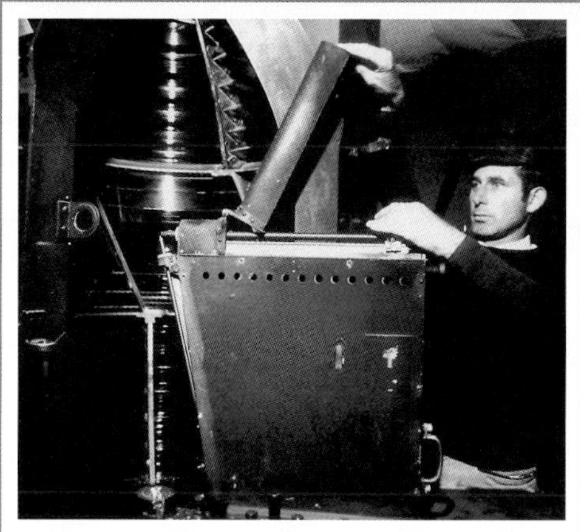

Leuchtturmwärter Heinrich Geertsen legt einen Kohlestab mit einer Brenndauer von ca. 9 Stunden in die alte preußische Bogenlampe, die noch bis 1974 ihren Dienst versah. Heute sorgt eine langlebige-, moderne Xenon-Hochdrucklampe für die notwendige Lichtstärke.

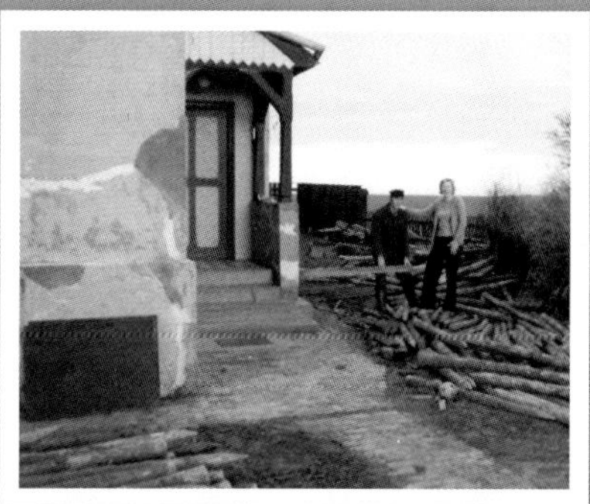

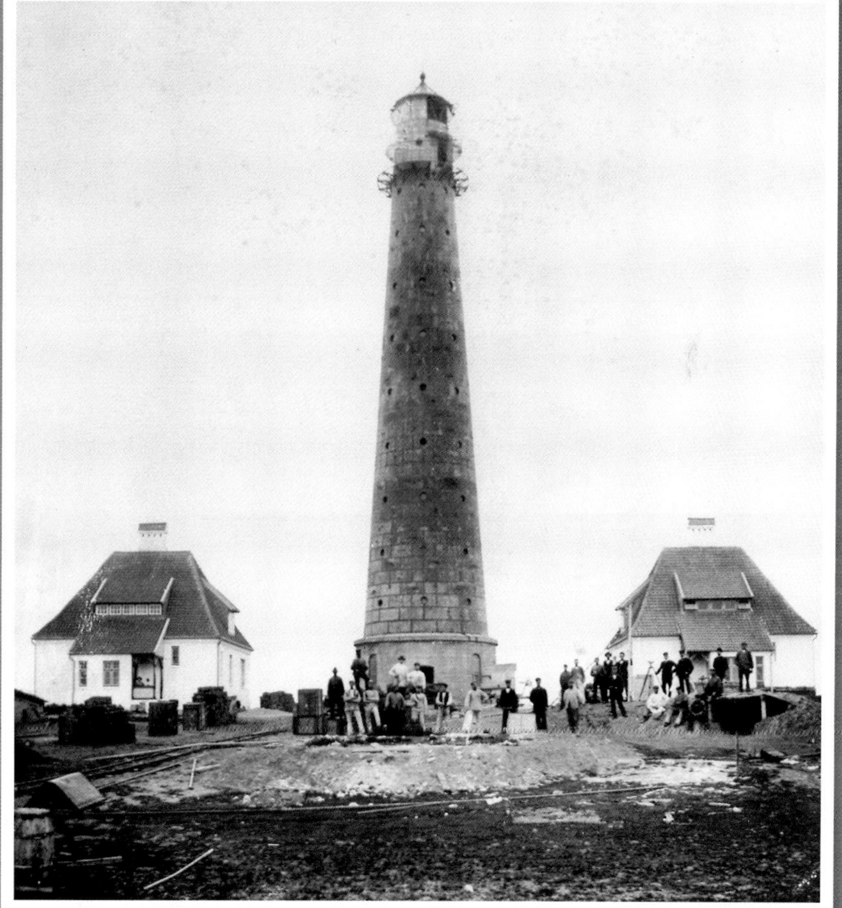

Nach getaner Arbeit versammelten sich die Handwerker vor ihrem 1907 fertiggestellten maritimen Bauwerk zum Erinnerungsfoto.

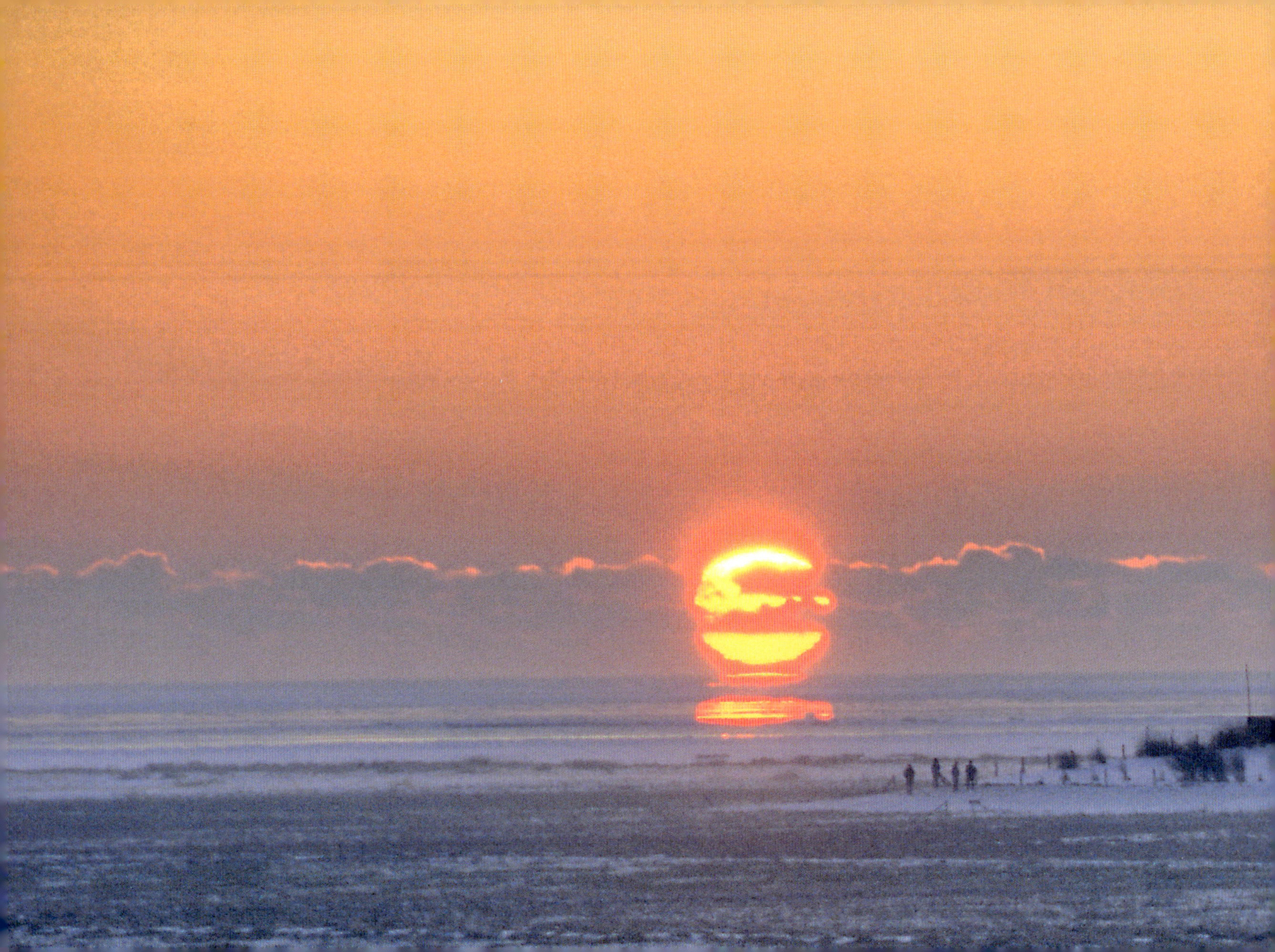

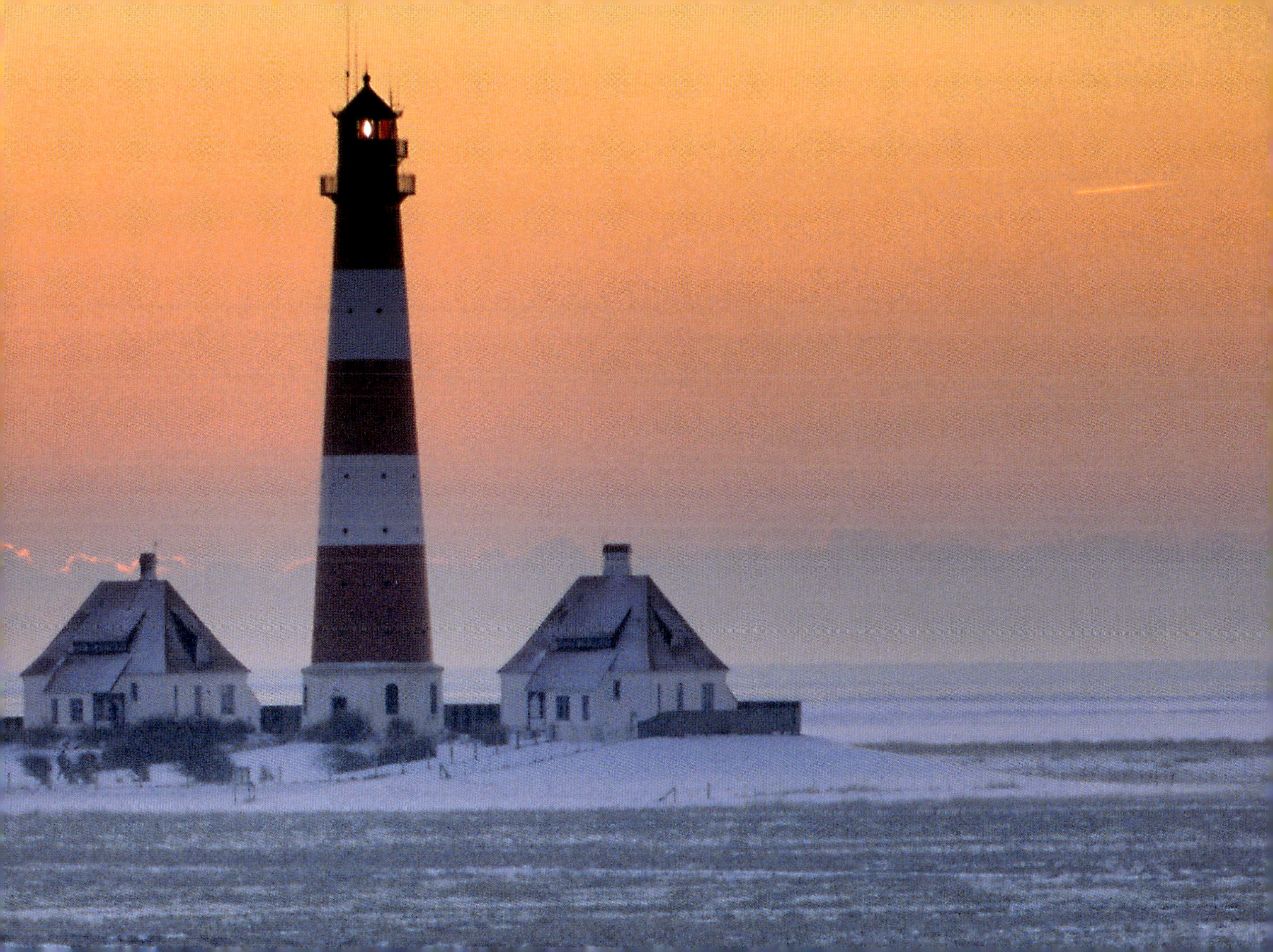

Faszination

Was macht die Faszination von Leuchttürmen aus?

Gedanken und Anmerkungen zum Thema Leuchtturm von Prof. Dr. Dr. h. c. Peter Ehlers, ehemaliger Präsident und des Bundesamtes für Seeschifffahrt und Hydrographe

Mein erster Leuchtturm stand in Falshöft an der Geltinger Bucht. Dort machte meine Familie, nachdem mein Vater endlich wieder Arbeit bekommen hatte, 1949 zum ersten Mal Ferien, auch wenn der Wohnort Flensburg kaum mehr als 30 Kilometer entfernt war. Zwei andere wichtige Leuchttürme meiner Kindheit gehören nach Amrum: der Wittdüner Leuchtturm und das sehr viel kleinere Quermarkenfeuer bei Norddorf. Sie sind untrennbar mit erlebnis- und abenteuerreichen Ferien am Meer verbunden.

Zu meiner Schul- und Studienzeit in Kiel gehörten der Bülker Leuchtturm und der alte, vergleichsweise kleine Leuchtturm in Friedrichsort. Leuchttürme von Schottland über Wales, die französische Atlantikküste bis nach Cap Ferrat am Mittelmeer markierten meinen größer gewordenen Radius als Student.

Als junger Regierungsrat in der Wasser- und Schifffahrtsdirektion in Kiel bekam ich endlich auch dienstlich mit Leuchttürmen zu tun. Der Leuchtturm Kiel wurde für vierzehn Tage meine Dienststelle, als ich von dort aus 1972 die Abwicklung des Schiffsverkehrs während der olympischen Segelwettbewerbe re-

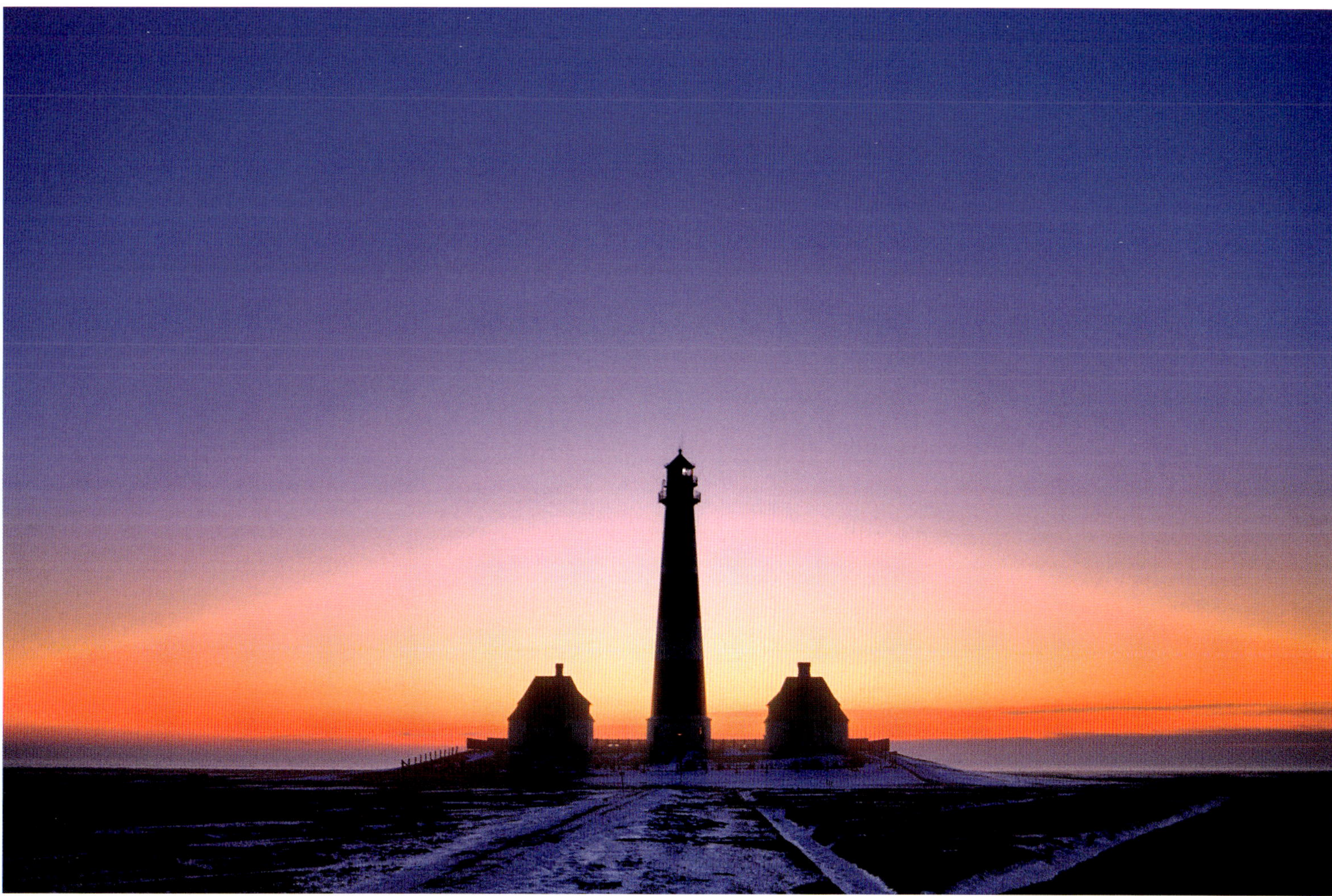

Sommerurlaub

Im Sommerurlaub habe ich mit meinen Kindern Leuchttürme zwischen Skagen und Sylt erklommen

gelte. In Travemünde setzten wir durch, dass ein Hotel zum Leuchtturm wurde. Im neuen Hotel Maritim, das den alten Travemünder Leuchtturm teilweise verdeckte, wurde im obersten Stock ein Leuchtfeuer installiert. Viele andere dienstlich erkundete und besuchte Leuchttürme wie der auf Westerheversand kamen in Laufe der Zeit hinzu. Meine erste Dienstreise nach Polen führte mich auch zum Leuchtturm in Swinemünde, noch zu tiefsten Zeiten des Kalten Krieges, als die Polen dort und in Stettin noch in der Furcht lebten, die Deutschen würden sie eines Tages wieder vertreiben. 1987 war ich dabei, als der Leuchtturm Roter Sand eine stählerne Manschette bekam, um das Fundament zu stabilisieren und ihn als Baudenkmal zu sichern. Ganz vage verknüpfe ich das mit der Erinnerung, dass ich als Kind diesen Leuchtturm einmal als Anstecknadel getragen habe; es gab sie im Rahmen einer Spendenaktion.

Die Leuchttürme in Wittenbergen und Tinsdal hier an der Elbe erinnern mich an viele, viele Spaziergänge zu jeder Jahreszeit, auch bei so mancher Sturmflut.

Im Sommerurlaub habe ich mit meinen Kindern Leuchttürme zwischen Skagen und Sylt erklommen; meist dann, wenn das Wetter wieder einmal nicht so war, dass man sich den ganzen Tag am Strand aufhalten konnte. Andere

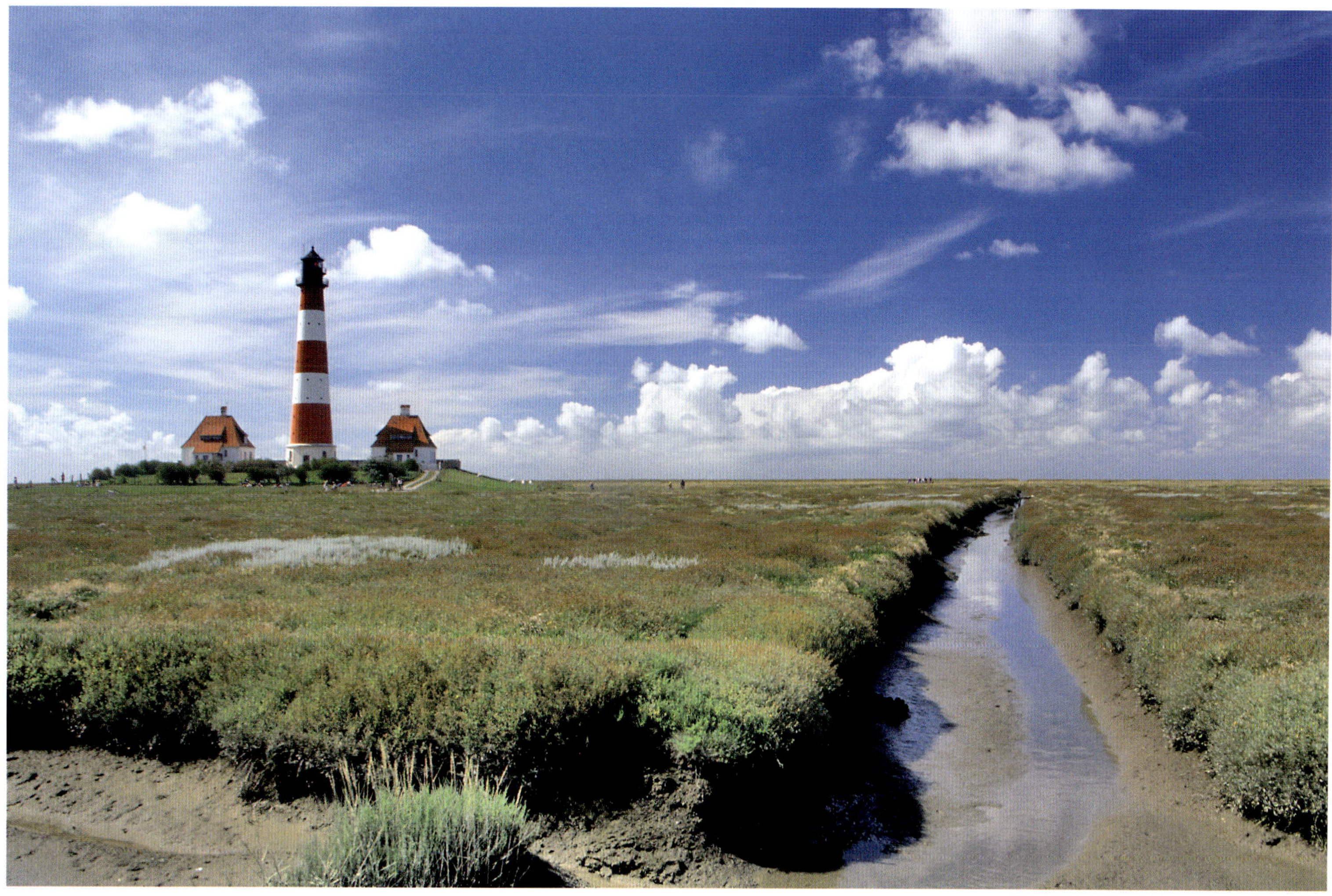

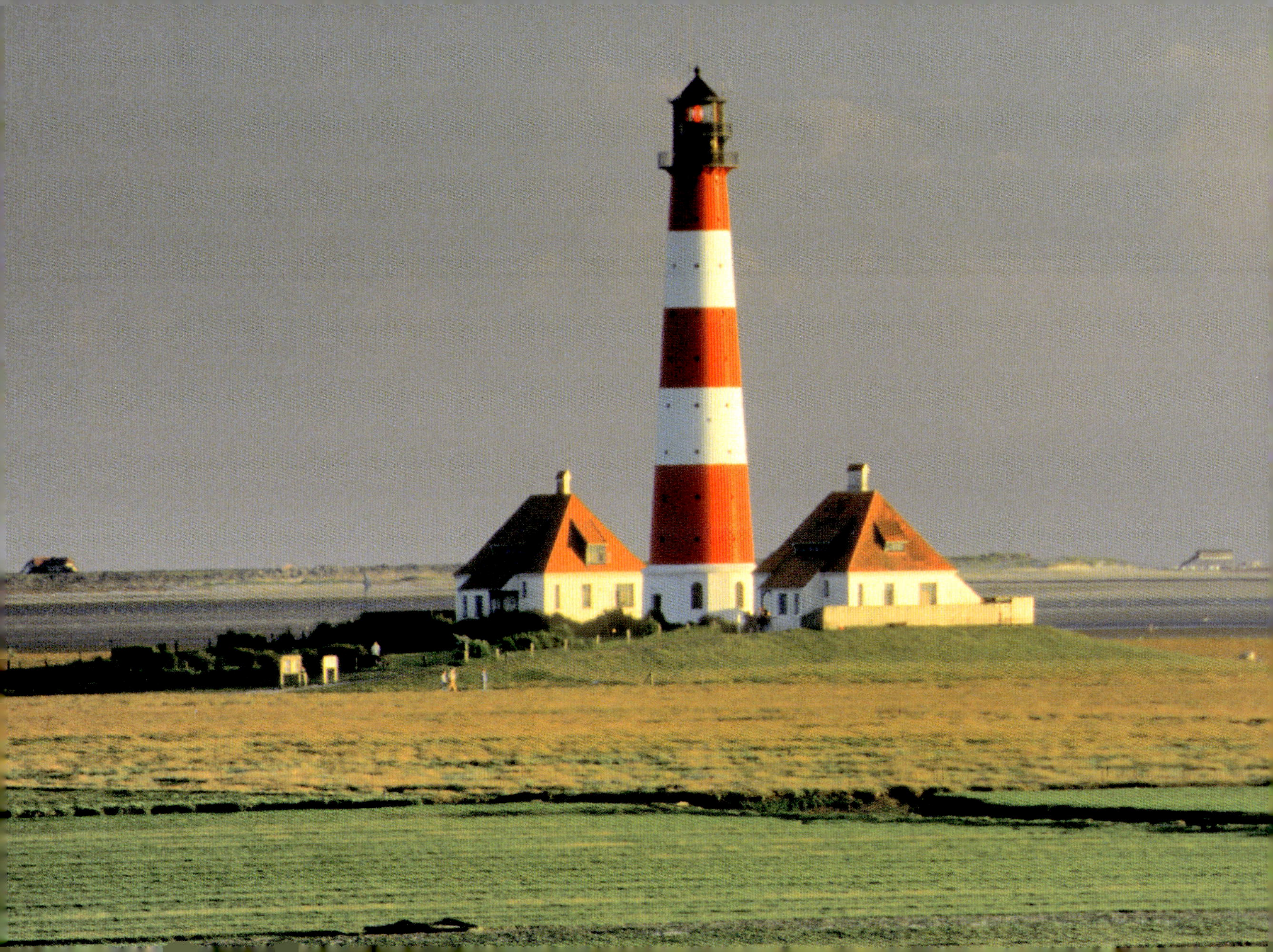

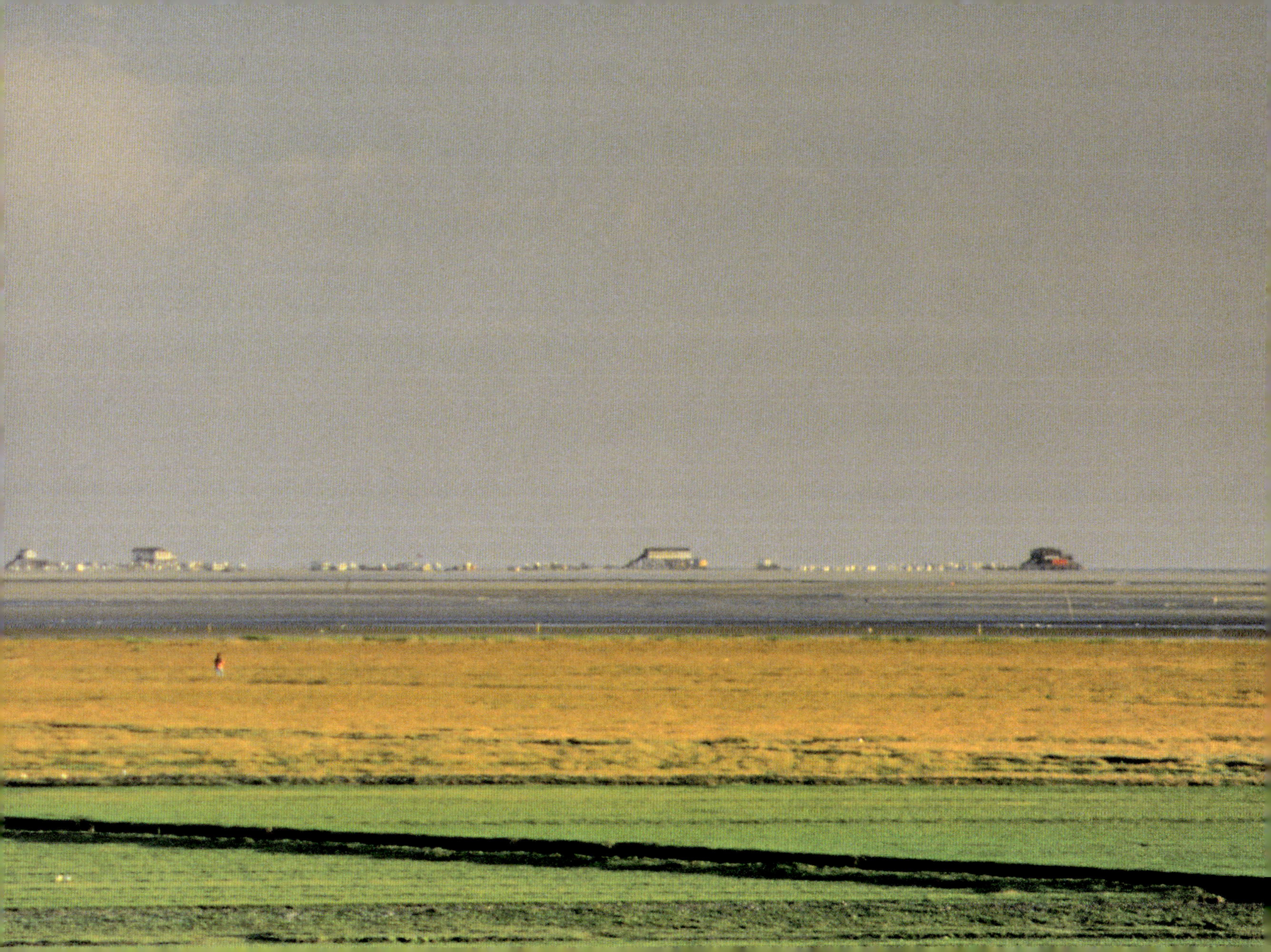

Erinnerung

Wieso bleiben uns Leuchttürme so in Erinnerung

wichtige Urlaubserinnerungen verbinde ich mit Leuchttürmen am Mittelmeer, bis hin nach Djerba und darüber hinaus bis nach Fuerteventura.

So manche internationale Konferenz irgendwo auf der Welt ist verbunden mit der Erinnerung an Leuchttürme: in der Tokio-Bucht, vor Sydney, Cap Hatteras in North Carolina.

Von den vielen anderen Leuchttürmen, die aus der Erinnerung auftauchen, greife ich noch zwei Standorte heraus. Den Leuchtturm Dornbusch auf Hiddensee und die beiden Leuchttürme auf Rügen am Kap Arkona. Kurz nach der Wiedervereinigung bin ich dort gewesen. Sie sind unauslöschlich verbunden mit meinen Erinnerungen an das sich langsam wieder zusammenfindende Deutschland. Ich vermute, dass viele Leser mit ähnlichen Assoziationen aufwarten könnten. Woran liegt das? Wieso bleiben uns Leuchttürme so in Erinnerung? Was macht die Faszination von Leuchttürmen aus? Sie geben Orientierung. Sie sind standfest gebaut an der Küste oder im Meer. Sie trotzen jedem Wetter. Sie wackeln nicht und schwanken nicht; das jedenfalls ist unser Eindruck, auch wenn es physikalisch nicht ganz zutreffend ist. Sie geben Halt und Schutz. Leuchttürme ragen empor. Sie ragen heraus. Sie überragen. So wie der Leuchtturm von

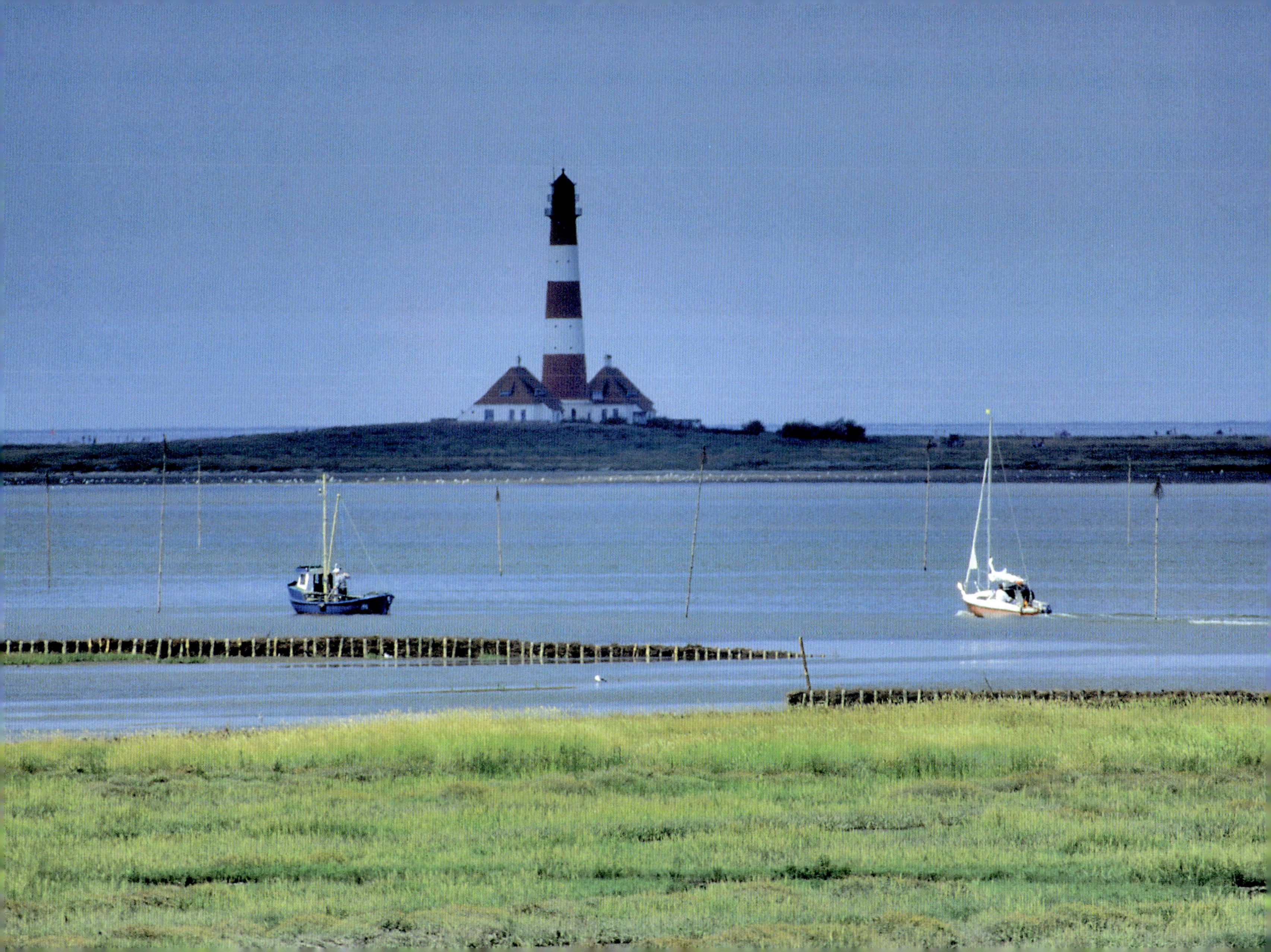

Die Welt

Die Welt liegt unter uns, alles wirkt plötzlich klein und in seiner Bedeutung relativiert

Pharos, eines der sieben Weltwunder, der 130 Meter hoch gewesen sein soll und dem Leuchtturm in manchen Sprachen seinen Namen gegeben hat. Übrigens findet man die Ansicht, dass ein weiteres Weltwunder, der Koloss von Rhodos, eigentlich ebenfalls ein Seezeichen gewesen sein soll.

Zu einem Leuchtturm kann man hinaufblicken, man vertraut ihm, man folgt ihm. So hat die Bezeichnung „Leuchtturm" im übertragenen Sinne Einzug in viele Lebensbereiche gehalten. Und immer ist mit diesem Begriff etwas Positives, etwas Hervorragendes verbunden. Schon das Epos Carolus Magnus et Leo Papa, das um 800 entstanden ist, verwendet den Begriff; es bezeichnet Karl den Großen als „Leuchtturm Europas" und will damit seine alles überragende Bedeutung zum Ausdruck bringen. Der zeitliche Bogen lässt sich spannen bis zu Wolfgang Borchert mit einem Gedicht, das einerseits Melancholie, und wohl auch Verzweiflung, atmet und andererseits Kraft und Hoffnung ahnen lässt:

Ich möchte Leuchtturm sein
in Nacht und Wind –
für Dorsch und Stint,
für jedes Boot –
und bin doch selbst
ein Schiff in Not.

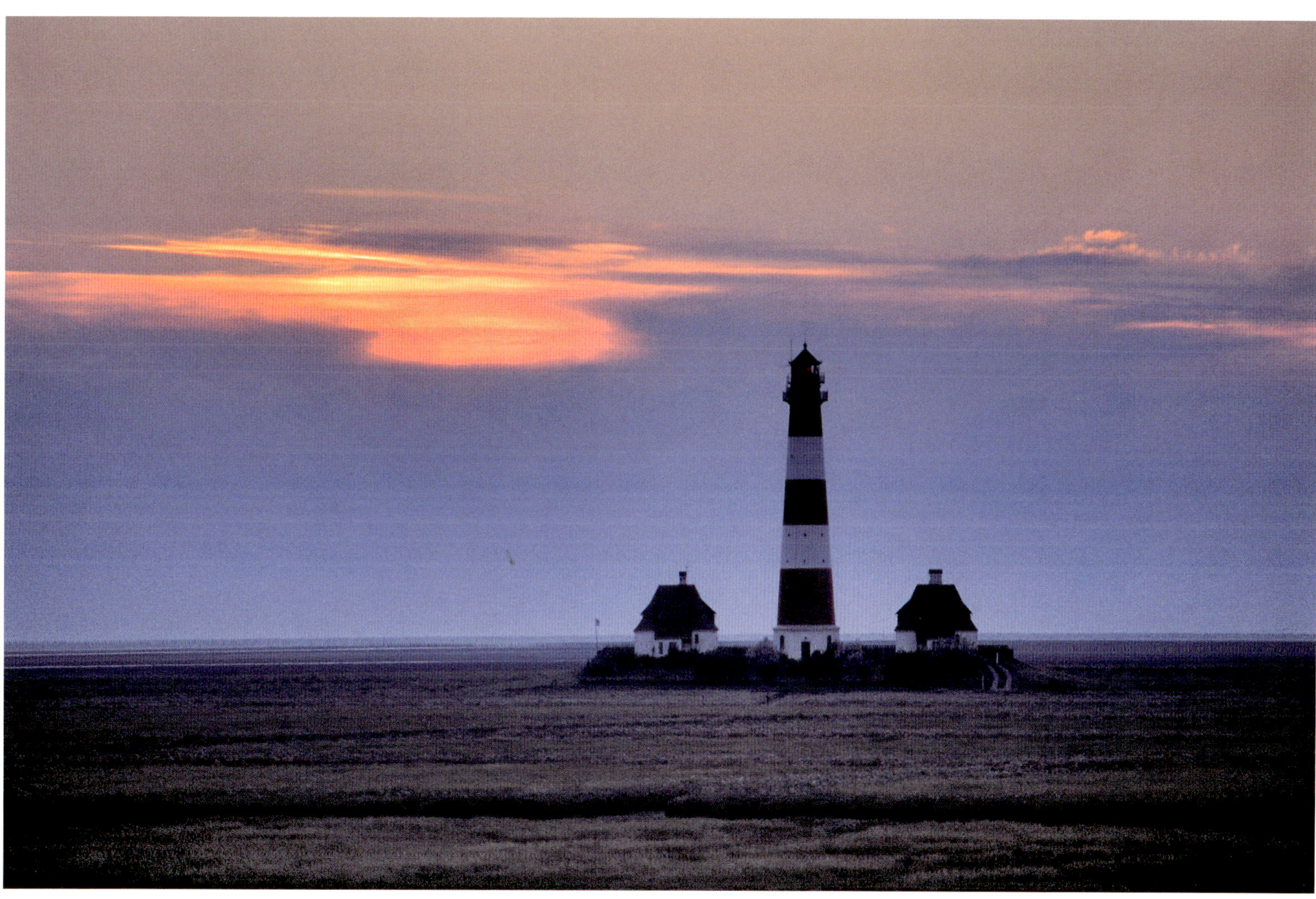

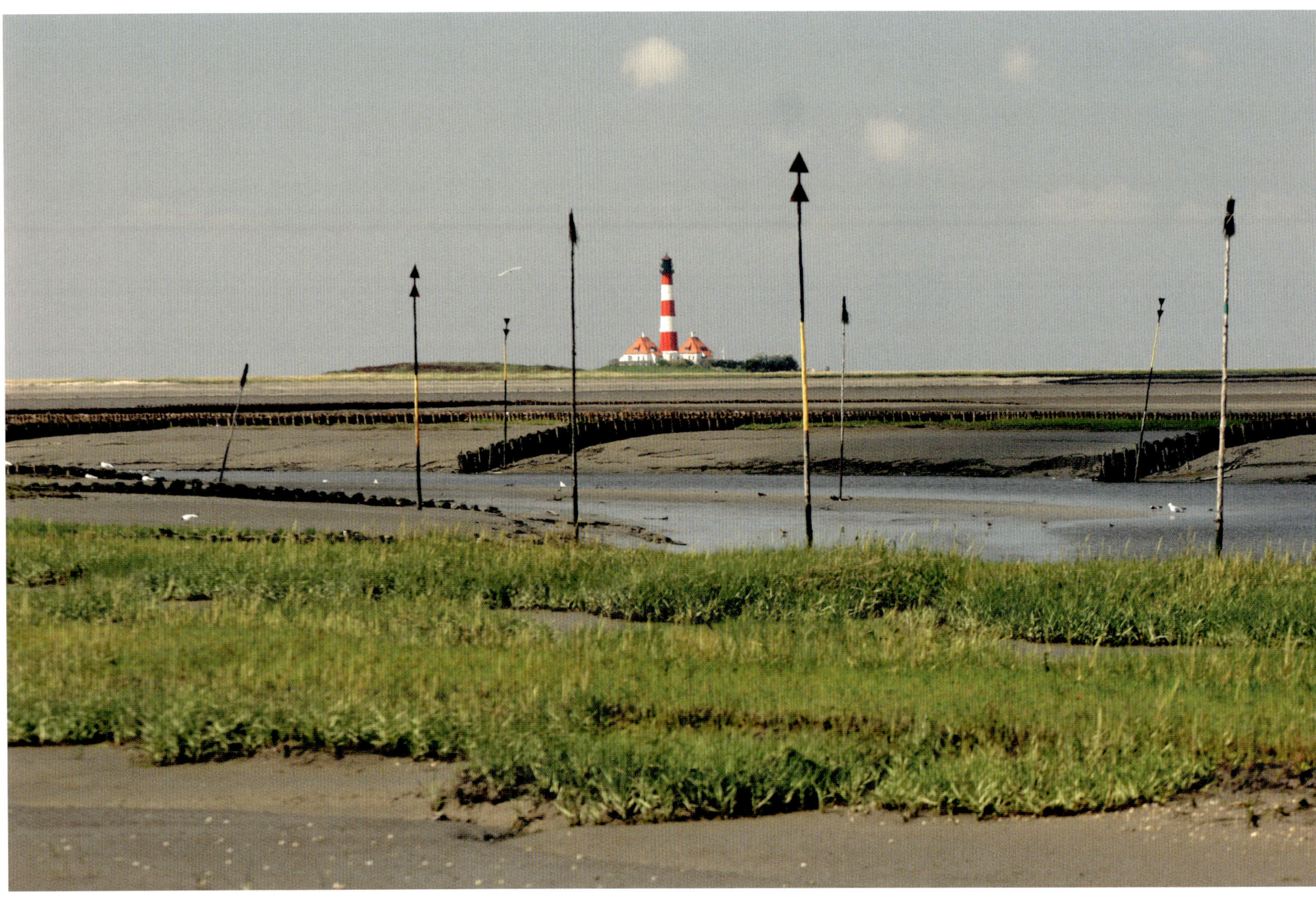

Fernweh

Fasziniert uns nicht auch, dass wir den Leuchtturm Westerheversand besteigen können? Nach mühsamem Aufstieg gelangen wir nach oben. Etwas außer Atem treten wir über einen schmalen Ausstieg auf eine enge Plattform. Der Wind erfasst uns. Oder die Sonne blendet. Wir schauen uns um. Die Welt liegt unter uns; alles wirkt plötzlich klein und in seiner Bedeutung relativiert.

Wir befinden uns im Grenzbereich. Hier das feste Land. Dort das weite, unendliche Meer. Unser Blick reicht ungehindert bis zum Horizont. Und wir ahnen, jenseits des Horizonts geht es weiter, auch wenn wir es nicht sehen, nicht begreifen können. Macht uns der Ausblick Angst? Eigentlich nicht, denn wir haben einen festen Standort. Gleichwohl: Wenn wir nach unten blicken, wird uns zuweilen schwindelig. Ist das die Parabel unseres Lebens?

Leuchttürme wecken in uns das Fernweh. Wir stellen sie uns an fremden Gestaden vor, zu denen wir so gern aufbrechen würden. Und gerade auch in der Fremde vermitteln sie Geborgenheit. Sie zeigen uns, dass das Meer eben doch nicht unendlich ist. Irgendwo taucht das schützende Land auf. Irgendwo endet alles in einem sicheren Hafen.

Ein Faszinosum, das es schon nicht mehr gibt, ist der Leuchtturmwärter, jener unerschrockene, erfahrene und be-

Leuchttürme wecken in uns das Fernweh

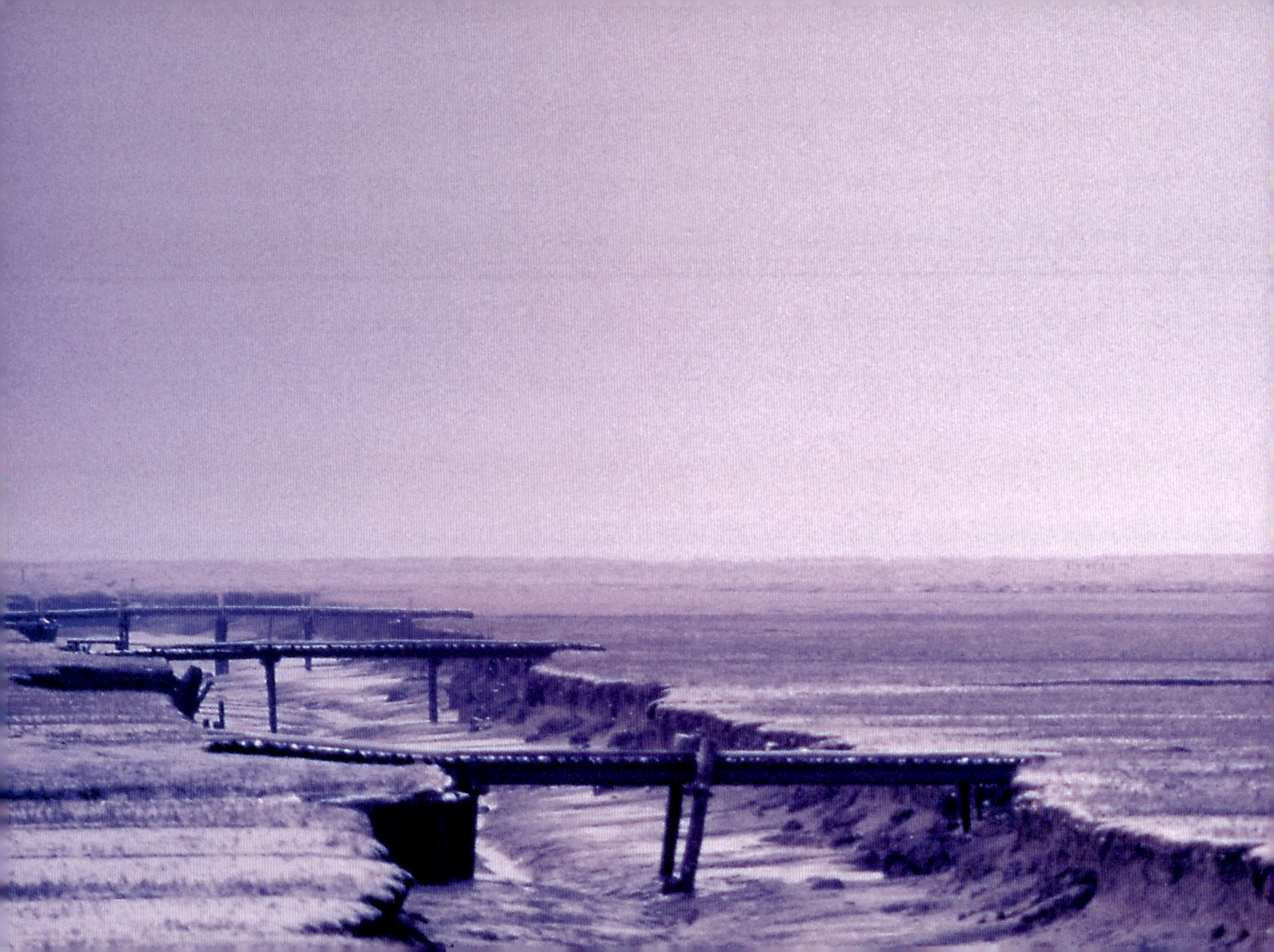

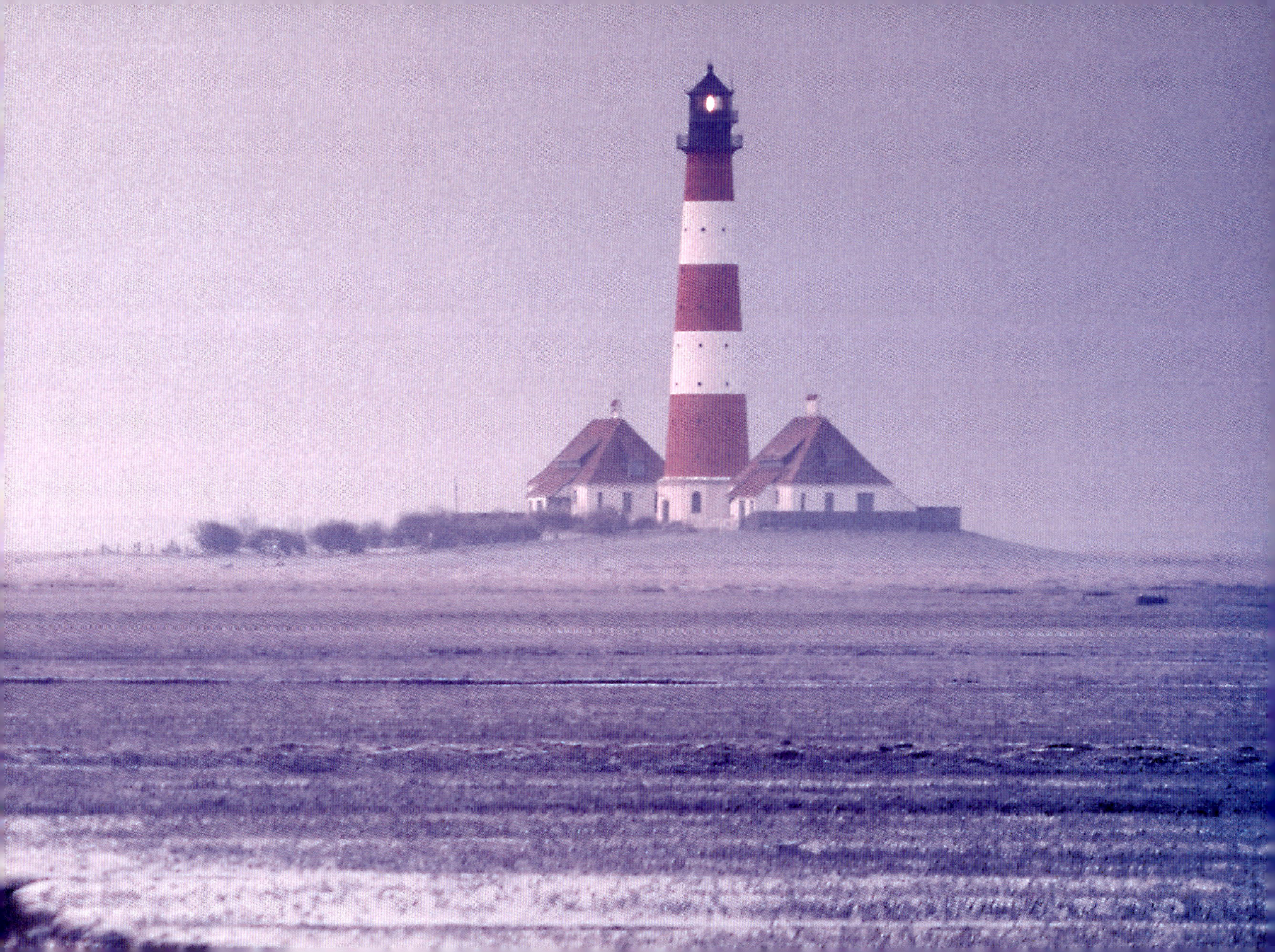

Bedeutung

Aber immer noch erfüllt der Turm seine wahre Bedeutung erst, wenn es dunkel ist, wenn er leuchtet

fahrene Seebär, der nun mehr oder minder häuslich geworden ist und bei Wind und Wetter dafür sorgt, dass der Leuchtturm seine Funktion erfüllt. Ein Mensch, der Einsamkeit ausstrahlt, aber zugleich große Kompetenz, Verantwortungsbewusstsein, Vertrauenswürdigkeit. Der unerschrocken jedem Wetter trotzt. Wir erinnern uns an jenes einmalige Pressefoto von dem Leuchtturmwärter, der gerade zur Tür des mitten im Meer gebauten Turmes heraustritt, als von achtern eine riesige Welle über dem Turm zusammenschlägt.

Heute sind Leuchttürme vollautomatisiert und werden von einer Zentrale aus betreut. Wo früher eher karg und zuweilen auch etwas geheimnisvoll der Leuchtturmwärter hauste, stehen graue Schränke, mit Elektronik vollgestopft. Aber immer noch erfüllt der Turm seine wahre Bedeutung erst, wenn es dunkel ist, wenn er leuchtet. Längst ist es kein offenes Feuer mehr, sondern eine elektrische Lampe. Doch wie von alters her sendet der Leuchtturm seinen Schein. Und dessen Tragweite, nämlich die größte Entfernung der Lichterkennung in Abhängigkeit von der Lichtstärke und dem Sichtwert, ist seit Langem ein Begriff, den wir im täglichen Sprachgebrauch verwenden, wenn es gilt, Folgen und Auswirkungen abzuschätzen. Erst die Individualität des Leuchtfeuers er-

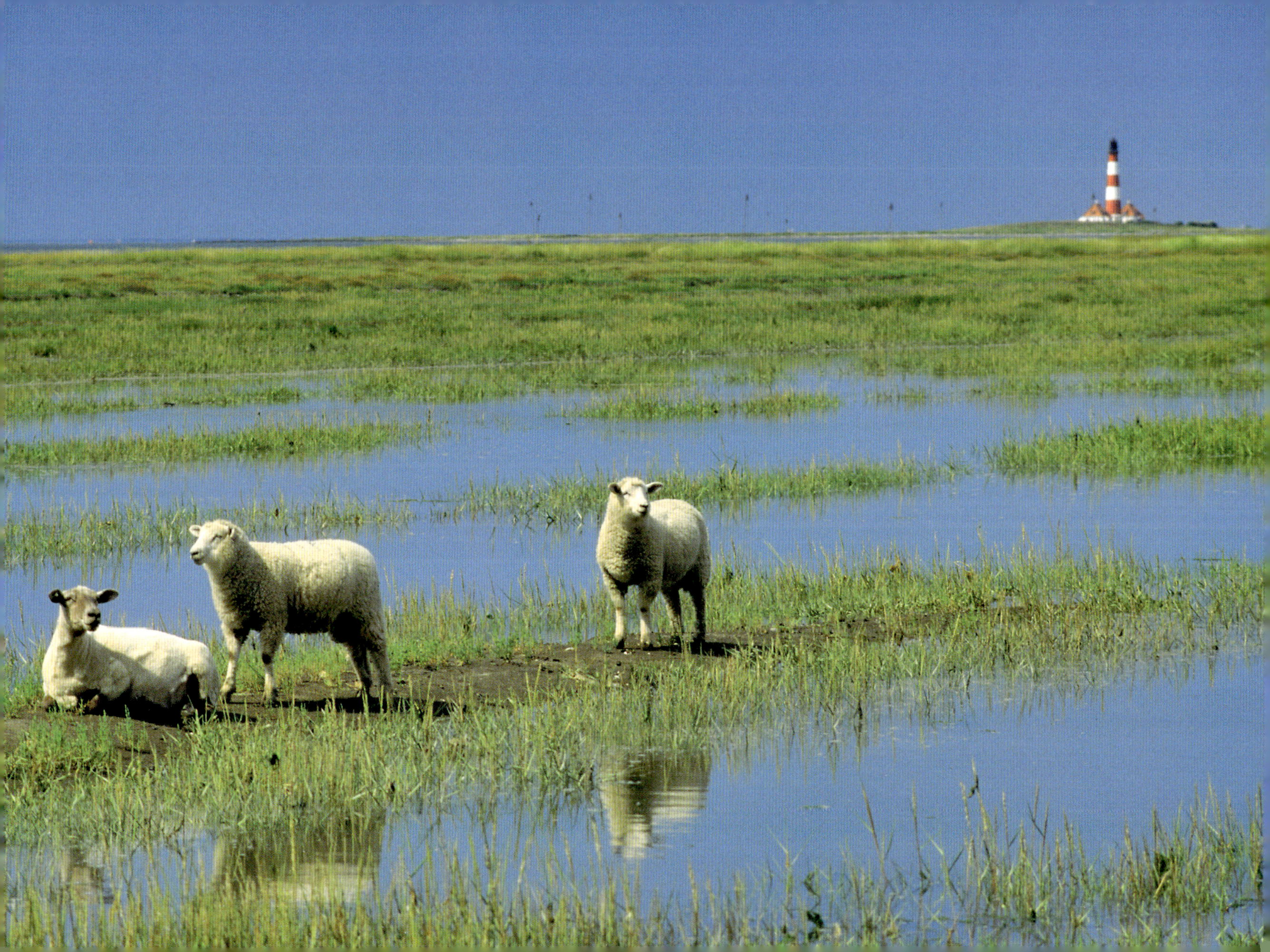

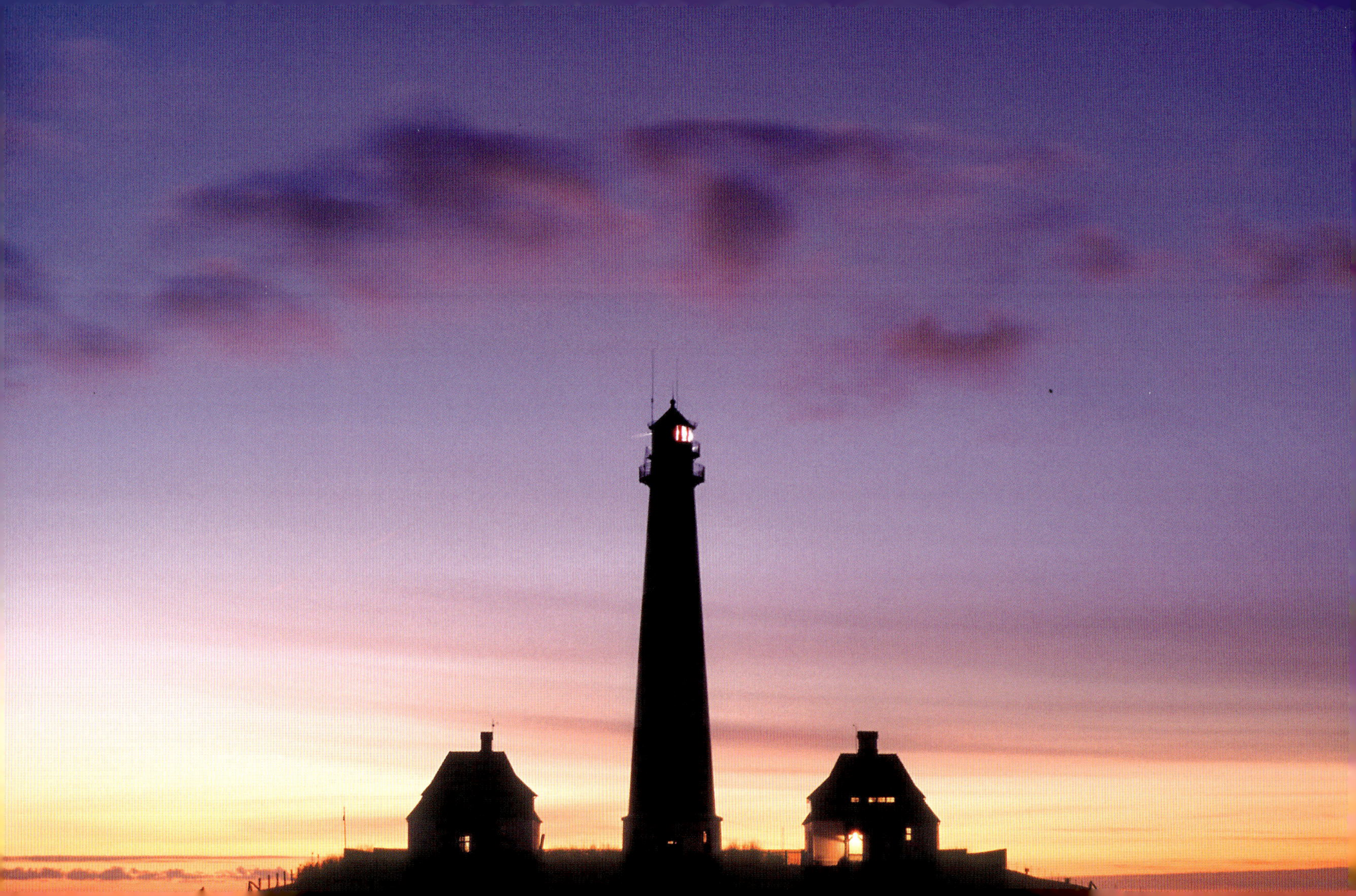

möglicht eine Ortsbestimmung. Das wird durch die unterschiedlichsten Kennungen erreicht: Festfeuer, Blinkfeuer, Blitzfeuer, Funkelfeuer, unterbrochene Feuer, Gleichtaktfeuer, oder aber durch unterschiedliche Farbsektoren. Wer sich damit auskennt, geht nicht verloren, sondern findet den Weg und hält seinen Kurs.

Mich haben immer die großen Türme am meisten beeindruckt, die ihr Licht weit nach See ausstrahlen. In festgelegten Abständen scheint der Strahl um den Turm zu kreisen; ein Lichtschimmer taucht suchend an der Seite auf, dreht sich zur Mitte hin, erfasst den Betrachter mit seinem Lichtkegel und verschwindet dann wieder auf der anderen Seite im Dunkel. Nur ein geheimnisvoller Lichtstrahl gleitet über das Wasser. Nach wenigen Sekunden wiederholt sich das. Immer und immer wieder im selben Takt. So gleichmäßig und unendlich wie das Rauschen des Meeres. Das Gefühl verstärkt sich, von diesem Licht gefangen zu sein. Es wird schwer, sich diesem Bann zu entziehen, der noch durch die beruhigende Wirkung der ständigen Wiederkehr des Lichtes verstärkt wird. Hier fallen mir die Zeilen von Stefan George ein, auch wenn sie nicht direkt auf den Leuchtturm gemünzt sind:

Wer je die Flamme umschritt
bleibe der Flamme Trabant.
Wie er auch wandert und kreist,
wo nur ihr Schein ihn erreicht,
irrt er zu weit nicht vom Ziel.

Gleichwohl muss ich einräumen, dass die Leuchttürme heute viel von ihrer früheren Bedeutung eingebüßt haben.

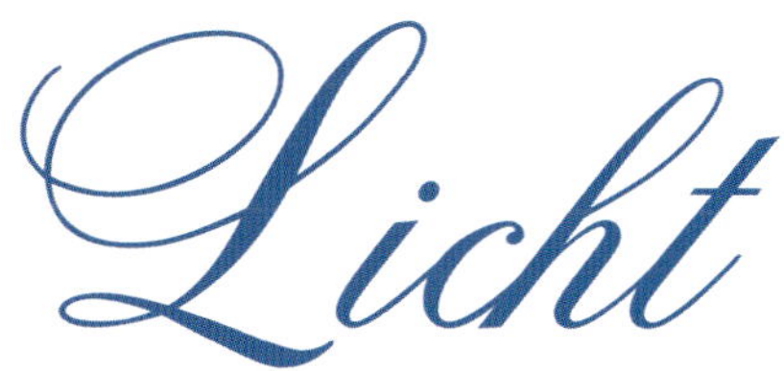

Mich haben immer die
großen Türme
am meisten beeindruckt,
die ihr Licht weit nach
See ausstrahlen

Naturgewalten

Ein bisschen heile Welt, der letztlich auch die Naturgewalten nichts anhaben können

Satelliten, Radar, die elektronische Seekarte, inzwischen verbunden mit einem automatischen Schiffsidentifikationssystem, ermöglichen dem Seemann eine sehr viel genauere und auch einfachere Ortung. Das verstärkt den Eindruck, dass die Leuchttürme – und mancher ist inzwischen bereits stillgelegt – mehr und mehr von einer vergangenen Zeit künden. Das schmälert aber nicht unser Interesse, im Gegenteil, es verklärt. Gerade in einer Zeit gewaltiger technischer Entwicklungen und Veränderungen werden die Leuchttürme für uns Zeichen von Festigkeit und Beständigkeit inmitten einer aufgewühlten Welt. Ein bisschen heile Welt, der letztlich auch die Naturgewalten nichts anhaben können. Das macht sich nicht nur die Werbung zunutze. Der Leuchtturm Roter Sand und andere bieten inzwischen den Kurzurlaub der besonderen Art. Und dass z. B. im Leuchtturm Westerheversand Trauungen angeboten werden, hat vermutlich auch mit der Sehnsucht nach Schutz und Geborgenheit zu tun.

Für uns als Bundesamt für Seeschifffahrt und Hydrographie (BSH) sind Leuchttürme wichtige Informationen in unseren nautischen Veröffentlichungen. Wir geben für die Schifffahrt Leuchtfeuerverzeichnisse heraus, wir bilden Leuchttürme in Seebüchern ab; vor allem aber finden sie sich in unseren

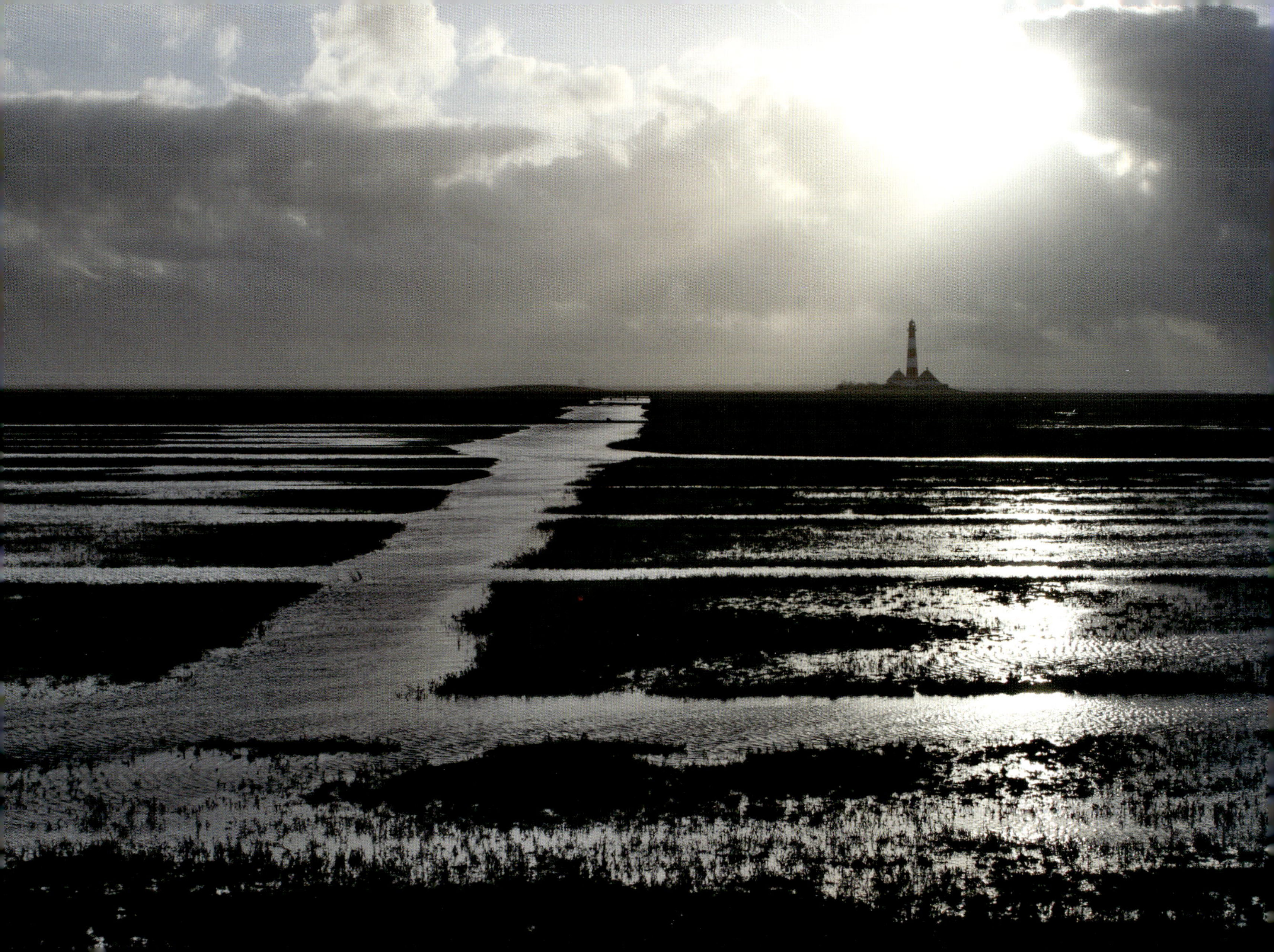

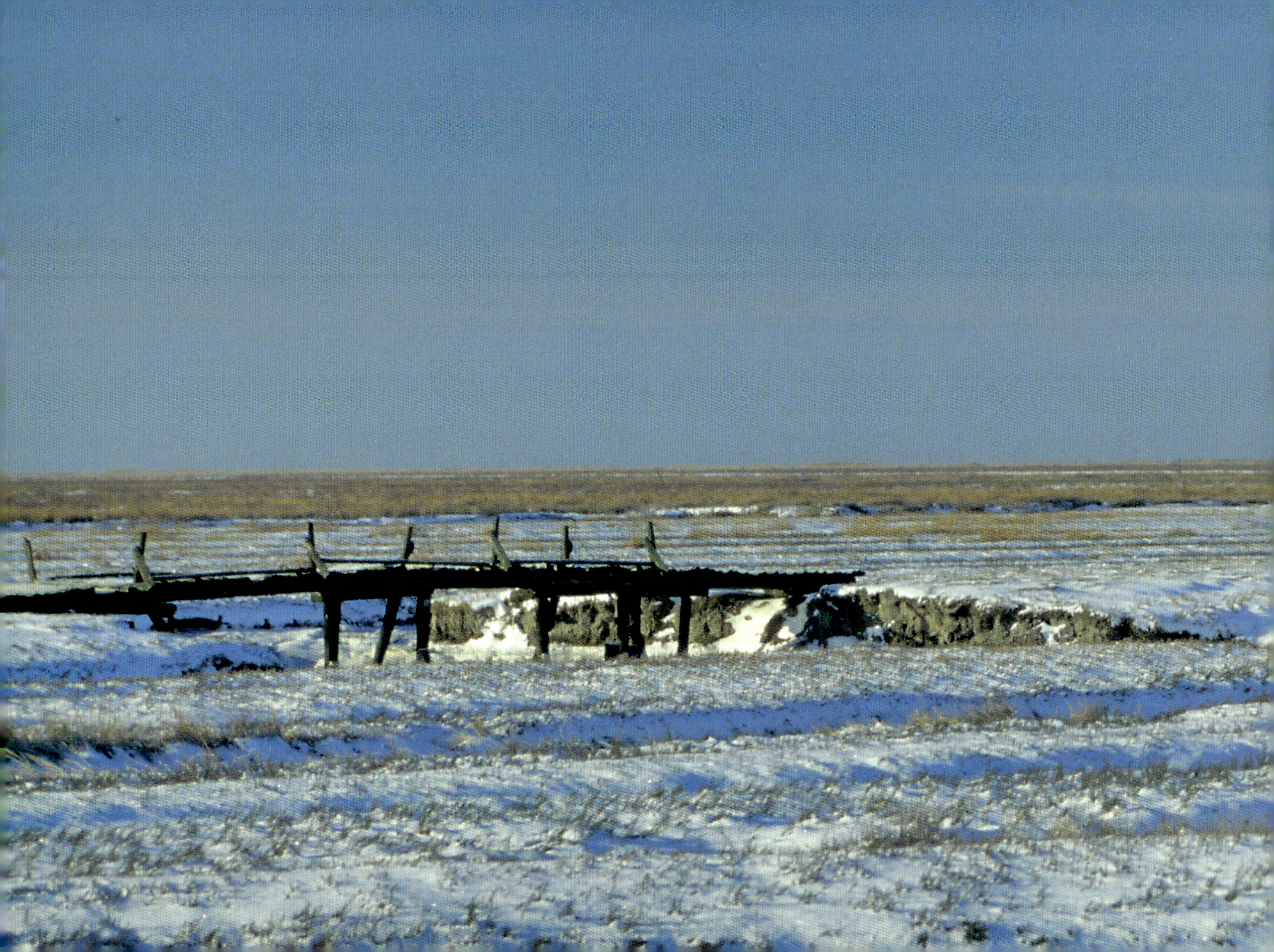

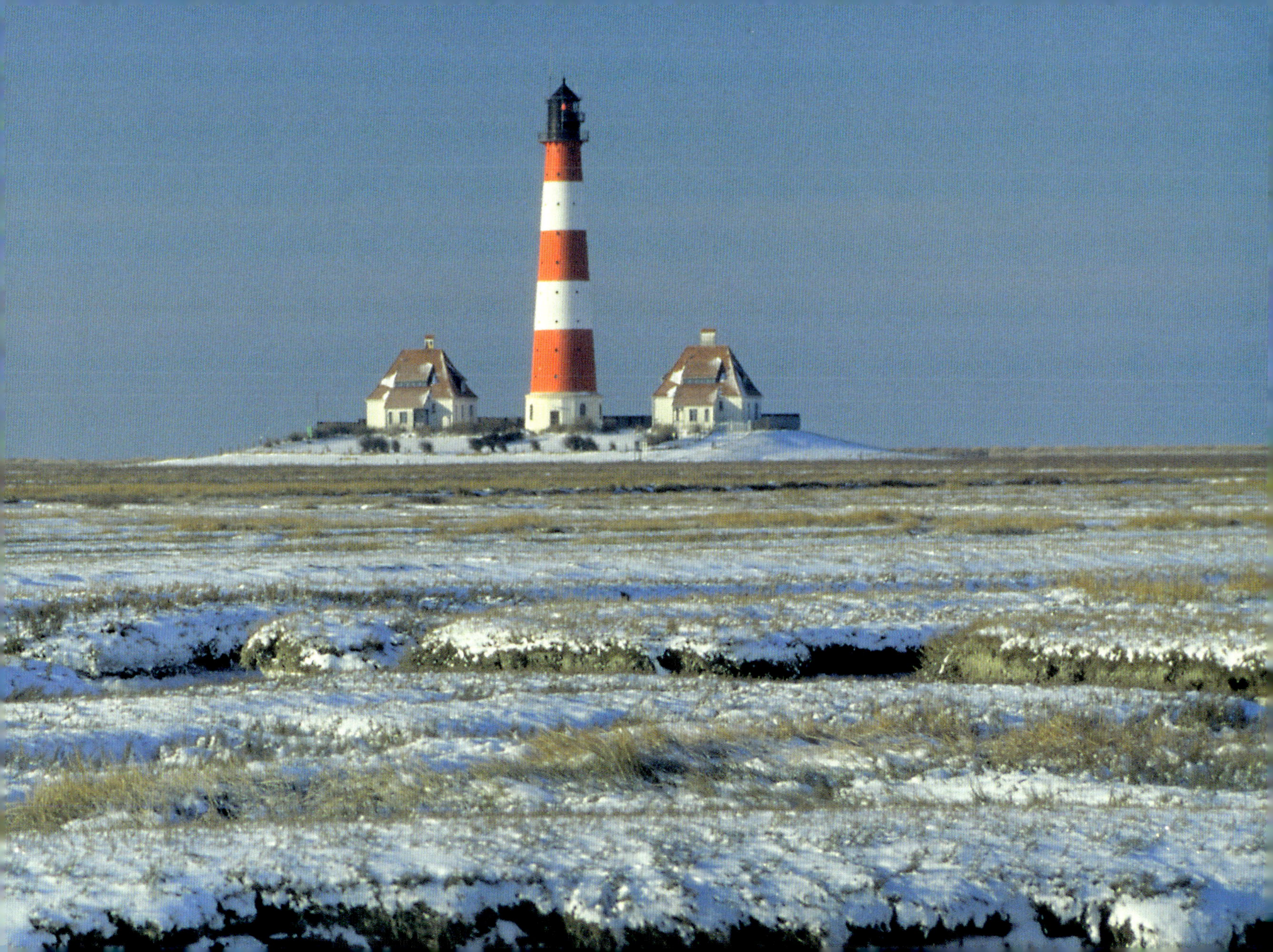

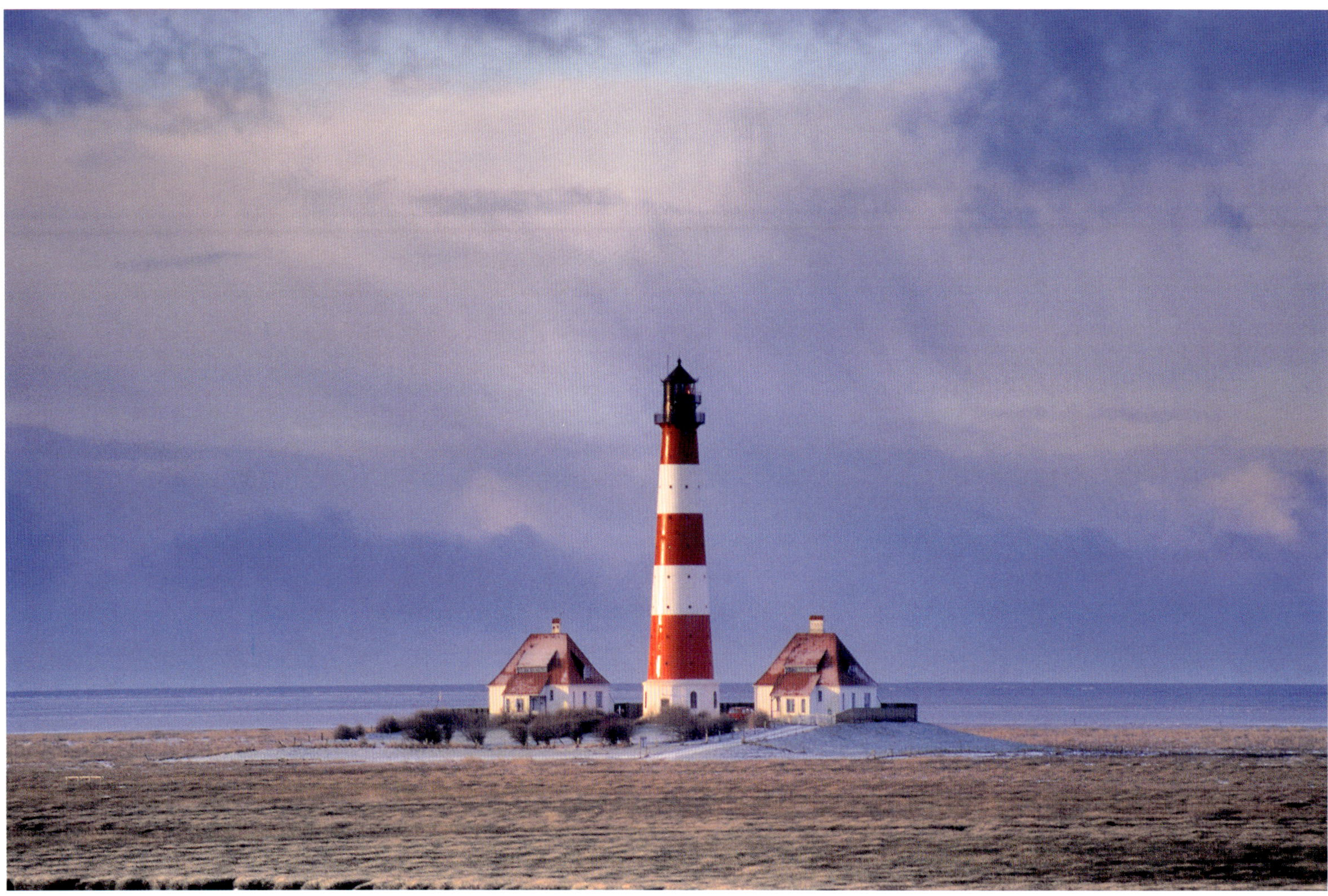

Bauwerke

Seekarten. Allerdings sind sie hier aller Gegenständlichkeit beraubt, nur noch abstrakte Zeichen, Farben und Abkürzungen. Noch einen Schritt weiter gehen die modernen digitalen Informationssysteme, wie wir sie als elektronische Seekarte praktizieren. Nun ist der Leuchtturm primär ein nach Position und Funktion gekennzeichnetes Objekt in einer Datenbank, das aber gleichwohl noch auf dem Bildschirm dargestellt wird, weil wir es so gewohnt sind.

Leuchttürme in ihrer bildlich gegenständlichen Darstellung findet man noch auf älteren Seekarten. Sie enthalten am Kartenrand Abbildungen – sogenannte Vertonungen –, das sind skizzenhafte Küstenansichten mit markanten Erhebungen und von See aus sichtbaren Bauwerken, vor allem Kirchen und Leuchttürme.

Neben allem anderen sind Leuchttürme auch formschöne Bauwerke. Sie haben einen ganz besonderen ästhetischen Reiz und entwickeln ihre eigene Formensprache. So verwundert es nicht, dass Leuchttürme auch Architekten und Designer anregen, deren Ästhetik durch das Weglassen der Farbgebung und die minimalistische Konzentration auf die Form noch gesteigert wird. Und da Leuchttürme immer für positive Begriffe stehen, liegt die Frage nahe, wie

Neben allem anderen sind Leuchttürme auch formschöne Bauwerke

Augenzwinkern

Allerdings sind hier keine bedeutungs-schwangeren, romantischen und träumerischen Reflexionen gefragt, sondern Witz und Augenzwinkern

sie sich für alltägliche Designobjekte nutzen lassen, die sich an den Leuchtturmformen orientieren. Der besondere Reiz liegt darin, dass Leuchttürme, die manchmal schon fast antiken Skulpturen gleichen, und Alltagsdesign zusammen gebracht werden, was auf den ersten Blick eher unvereinbar erscheint. Doch wenn wir uns auf diesen vermeintlichen Bruch einlassen, dann bringt uns das schnell in die Realität unserer modernen Gesellschaft, bei der der Konsum durch immer neue, unerwartete Reize gesteigert werden soll. Und auch dazu scheinen Leuchttürme geeignet, weil sie so unterschiedliche Assoziationen auszulösen vermögen. Allerdings sind hier keine bedeutungsschwangeren, romantischen und träumerischen Reflexionen gefragt, sondern Witz und Augenzwinkern. Dem will und kann auch ich mich nicht entziehen.

So will ich meine Anmerkungen mit einem Seefunkgespräch schließen, das ein paar Seemeilen vor der Küste Neufundlands stattfand. Der Kapitän begann einen hastigen Funkverkehr:
Kanadier: Empfehle, Sie ändern Ihren Kurs 15 Grad Süd, um Kollision zu vermeiden.
Kapitän: Dies ist der Kapitän eines Schiffes der U. S. Navy. Ich wiederhole, ändern Sie Ihren Kurs!

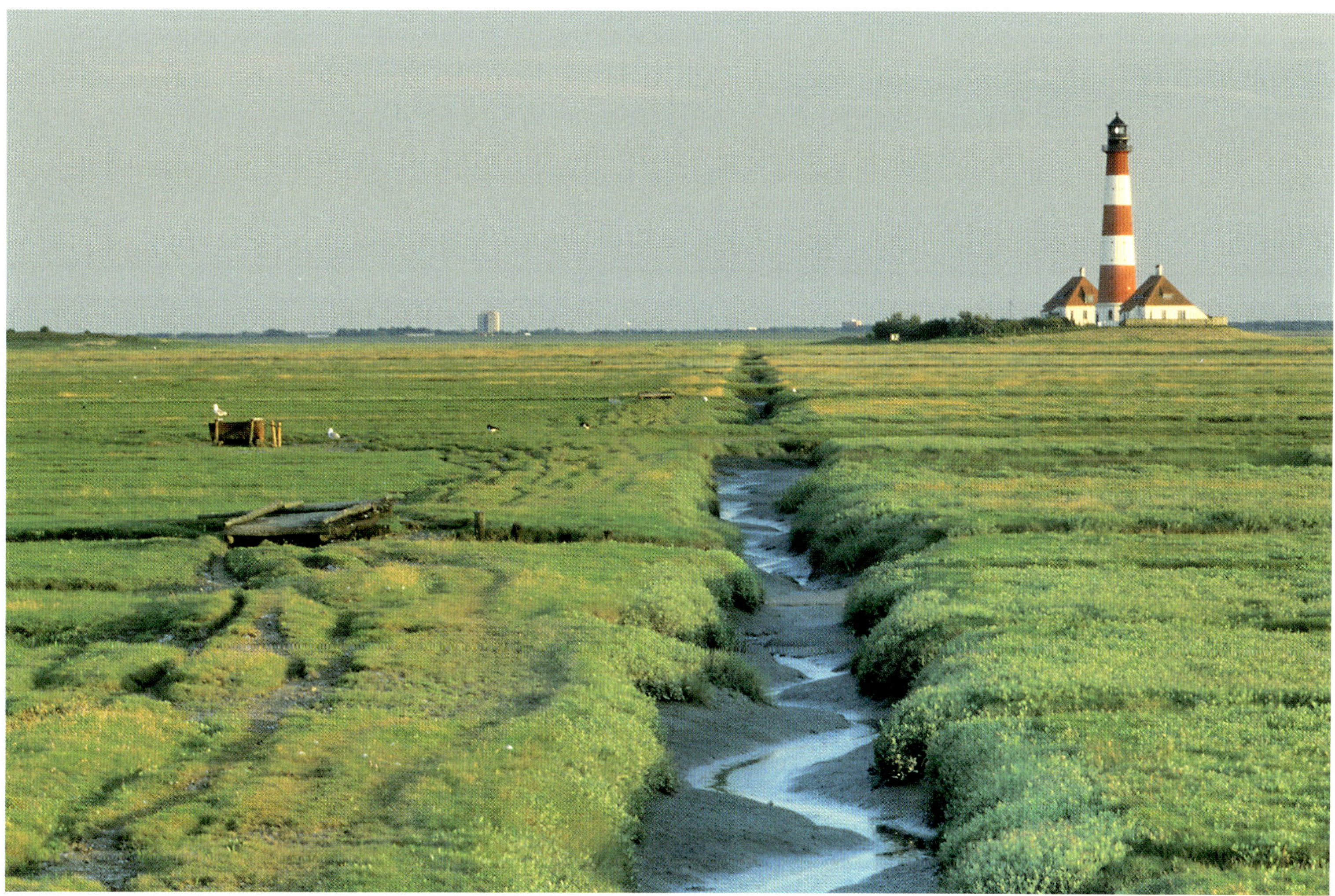

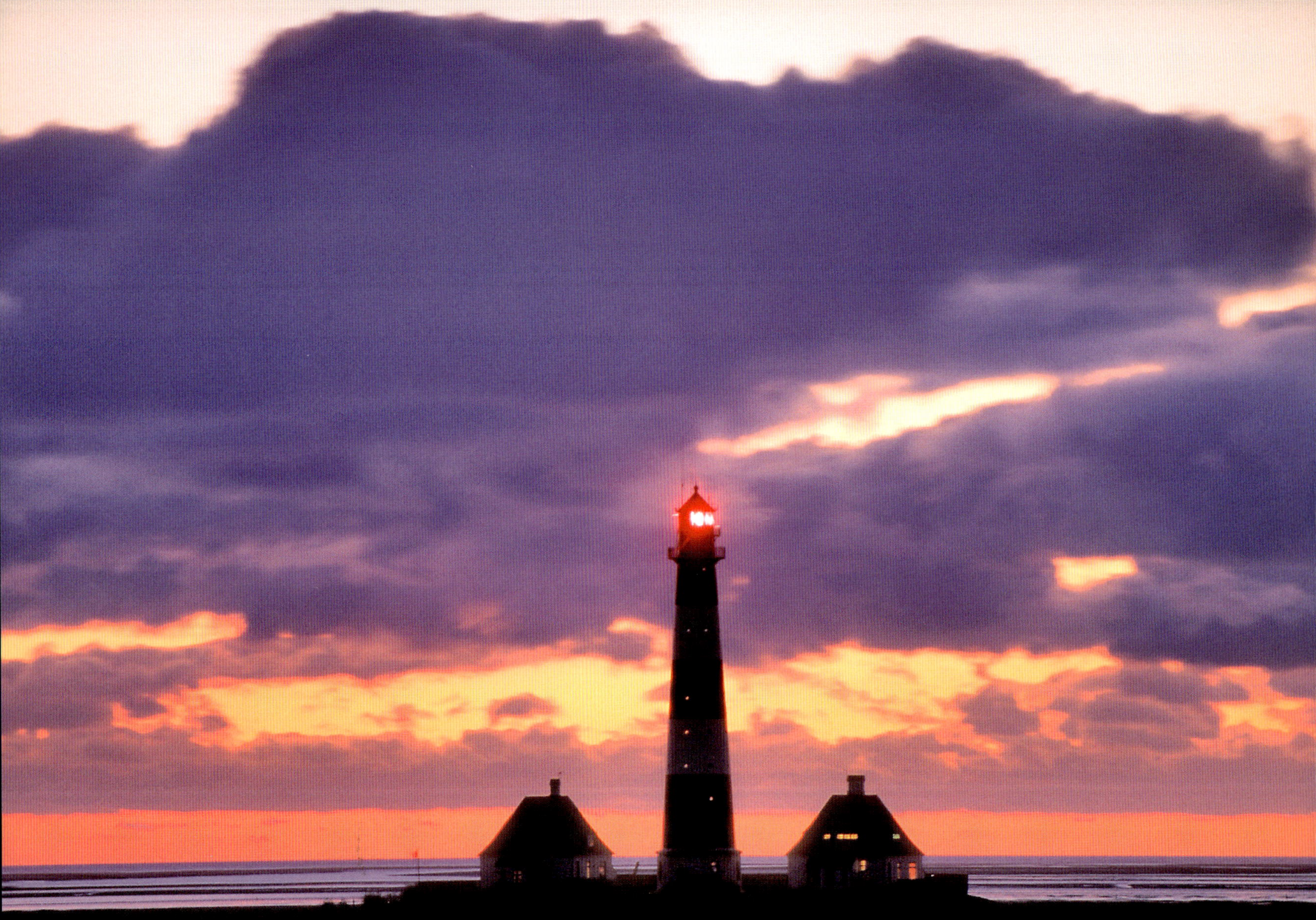

Funkverkehr

Kanadier: Nein. Ich wiederhole, ändern Sie Ihren Kurs!

Kapitän: Hier ist der Flugzeugträger U. S. S. Lincoln, das zweitgrößte Schiff der Atlantikflotte der Vereinigten Staaten.

Ändern Sie Ihren Kurs unverzüglich!

Kanadier: Dies ist ein Leuchtturm.

Der Kapitän begann einen hastigen Funkverkehr

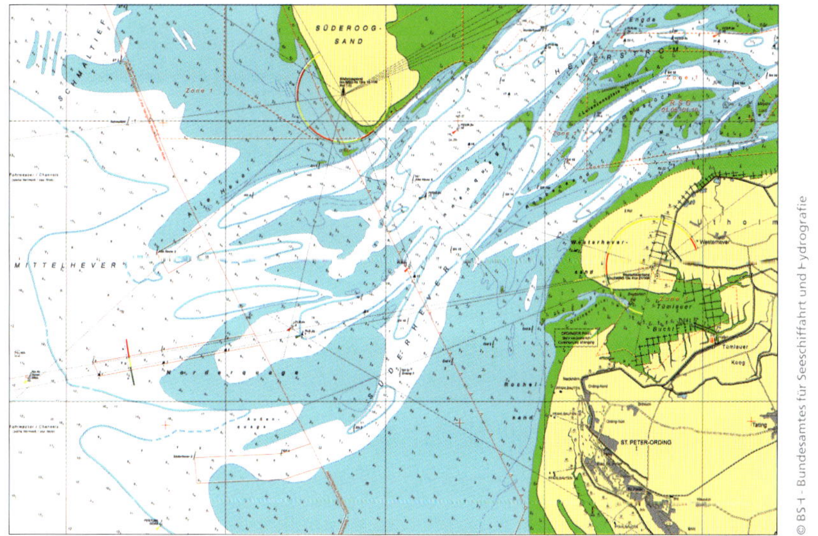

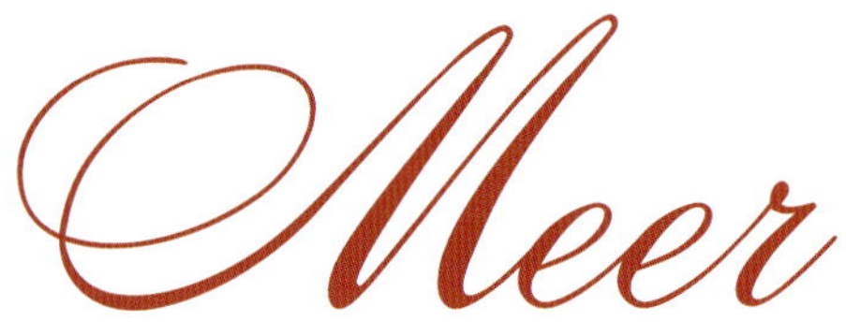

Wenn die Lichtfinger das Meer streicheln

Einige Anmerkungen zur Person und Arbeit des Fotografen Michael Pasdzior von Rainer Rettinger

Aufmerksam wurde ich erstmals auf Michael Pasdzior durch eine Ausstellung in einer Hamburger Bank, in der er seine Fotos von Andalusien zeigte, das auch zu meinen Lieblingsreisezielen gehört. Der Zufall wollte es, dass wir beide wenig später an einer Pressereise dorthin teilnahmen. Seitdem haben wir viele gemeinsame Reisen unternommen, er als Fotograf und ich als freier Autor. Seit mehr als dreißig Jahren arbeitet der studierte Politologe als freier Fotograf in Hamburg. Er ist Bildautor zahlreicher Bücher und Reiseführer. Um sein Studium zu finanzieren, jobbte er unter anderem beim Fernsehen. Eines Tages war man dort auf der Suche nach einem Standfotografen. Der damals schon engagierte Hobbyfotograf bekundete daran sein Interesse und bekam den Auftrag. Wenig später wurde die damals neu gegründete US-Fotoagentur THE IMAGE BANK auf der Suche nach jungen Talenten auf ihn aufmerksam. So war der Grundstein für eine Fotokarriere gelegt. Was folgte, war ein rascher Aufstieg in diesem hart umkämpften Metier. 1984 wurde seine Fotoserie über Hamburgs Kupfertürme auf der photokina unter den „Entdeckungen" gewürdigt. Zahlreiche Veröffentlichungen in renommierten Zeitschriften wie „ZEIT-Magazin", „Merian", „SZMagazin", „Geo" und „Stern" folgten. Nebenbei arbeitete er immer wieder an freien Themen. Daraus folgten viel be-

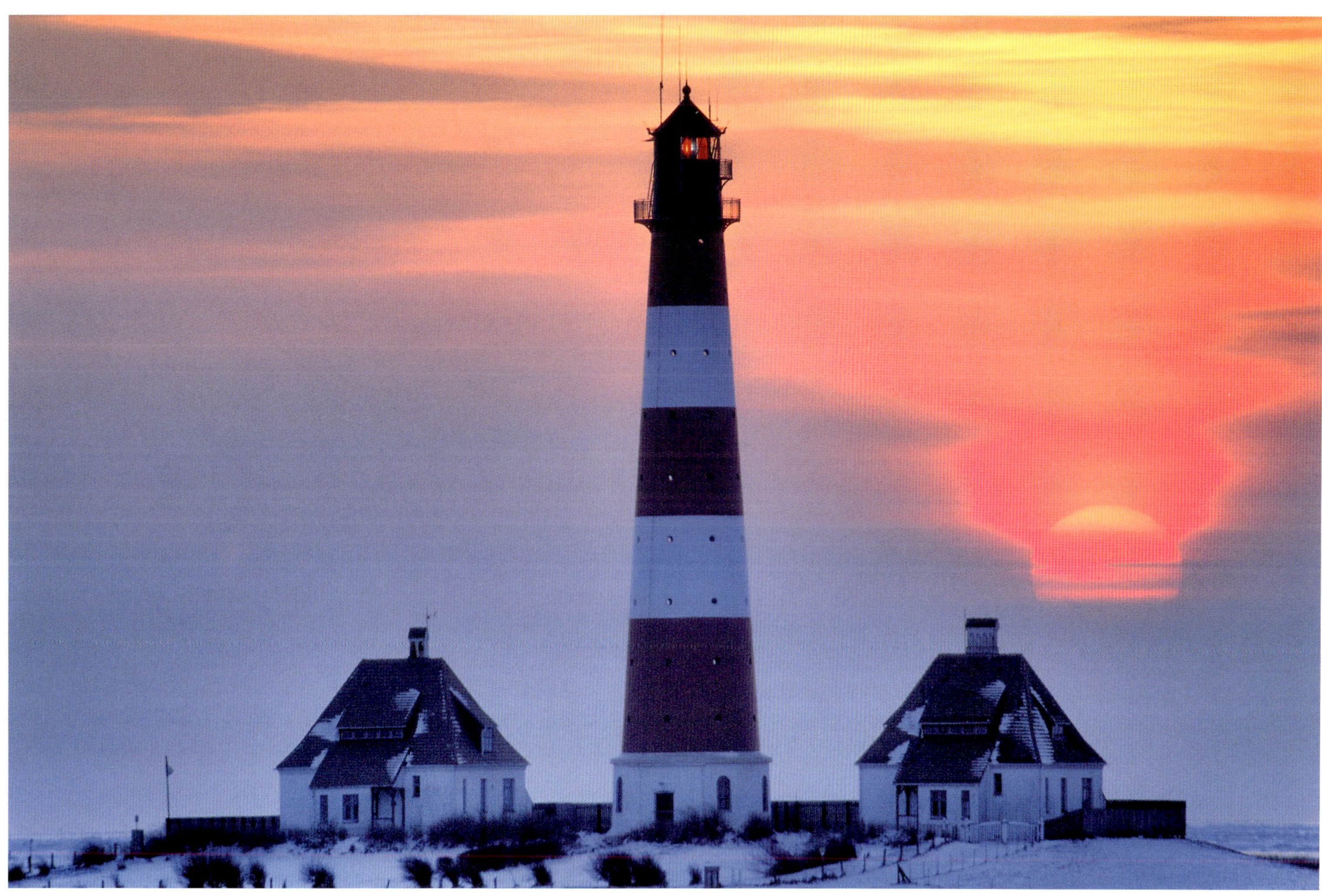

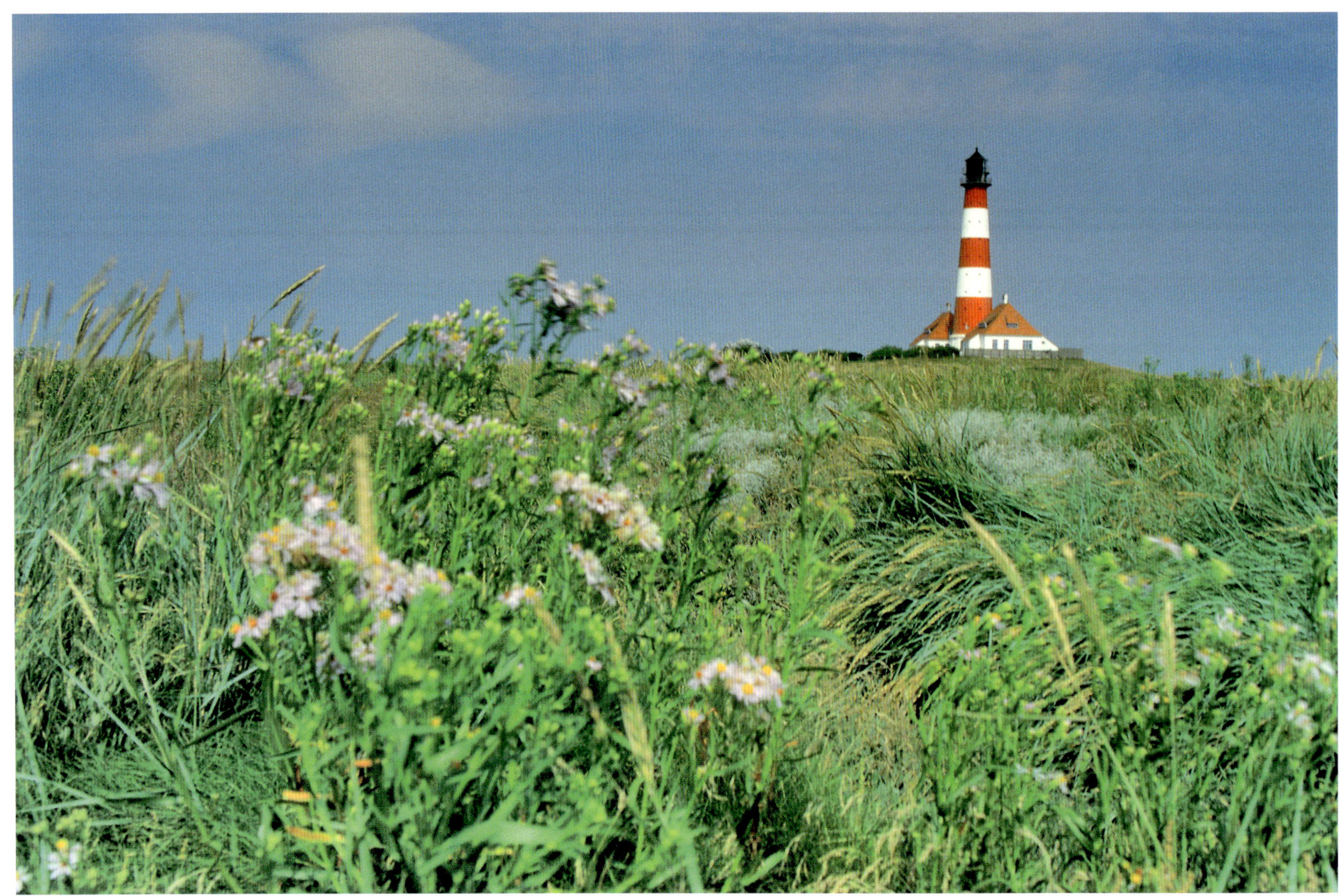

achtete Bücher. Bedeutende Unternehmen der Stadt Hamburg wurden langjährige Kunden. Aber auch die künstlerische Arbeit nimmt einen immer größeren Platz im Wirken von Michael Pasdzior ein. Mittlerweile kann er auf zahlreiche Ausstellungen in ganz Deutschland zurückblicken und ist mit einigen Arbeiten auch in der Fotosammlung des Museums für Kunst und Gewerbe in Hamburg vertreten.

Michael Pasdzior hat auf der Halbinsel Eiderstedt seine zweite Heimat gefunden, während ich nach einigen Berufsjahren in Hamburg wieder in meine Heimat, das Ruhrgebiet, zurückkehrte. Eines Tages schlug er vor, eine Reisegeschichte über Eiderstedt zu machen. Noch heute erinnere ich mich gern an meine erste Anreise. Endlich hatte ich wieder einmal die Chance, mich aus den nahtlos ineinander übergehenden Städten des Ruhrgebietes, den Staus, dem Lärm und der Hektik zu befreien. Nun zogen Felder, markante Kirchtürme und reetgedeckte Bauernhöfe an mir vorbei, nachdem ich die Eider, den längsten Fluss Schleswig-Holsteins, überquert hatte. Was mich am meisten beeindruckte, war die Weite der Landschaft auf wundersam friedliche und zugleich befreiende Weise; ich hatte das Gefühl, seit Langem wieder richtig durchatmen zu können. Zu allen Jahreszeiten fasziniert Eiderstedt. Alles scheint sich selbst zu genügen, und die hörbare Stille über der Halbinsel lässt wohl jeden Besucher innehalten. Es sind die optischen und stimmungsvollen Eindrücke, die man nicht vergessen wird.

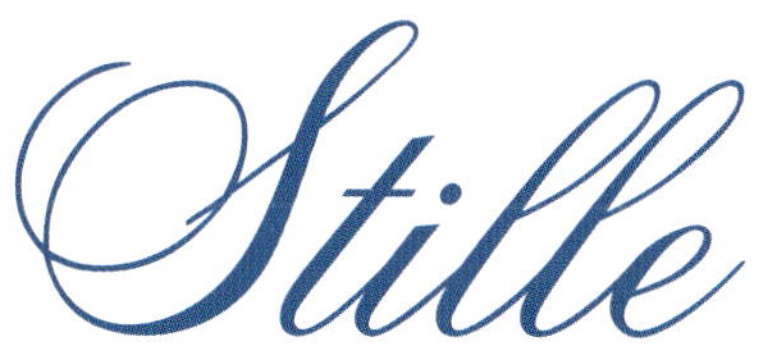

Alles scheint sich selbst zu genügen und die hörbare Stille über der Halbinsel lässt wohl jeden Besucher innehalten

Stürme

Majestätisch und unbeeindruckt von jahrzehntelangen, hartnäckigen Attacken der Stürme und Springfluten steht er da

Wattwanderungen und traumhafte Abendstimmungen – Eiderstedt hatte auch meine Sinne gesalzen und die Seele gestreichelt! Damals erzählte mir Michael von seinem Vorhaben, ein Buch nur über den markanten Leuchtturm von Westerheversand zu machen. Doch alle Verleger winkten dankend ab. „Ein Buch nur über einen Leuchtturm, das können wir nicht verkaufen", war ihr Argument. Dennoch gelang es ihm endlich anlässlich des 100. Geburtstag des Turms im Jahr 2007, ein Buch zu publizieren, von dem er bereits in den 70er-Jahren die ersten Fotos machte. Der Leuchtturm Westerheversand – das Wahrzeichen Nordfrieslands und Synonym für die deutsche Küstenlandschaft, gehört schon seit Langem zu den meistfotografierten Bauwerken in Deutschland.

Majestätisch und unbeeindruckt von jahrzehntelangen, hartnäckigen Attacken der Stürme und Fluten steht er da, flankiert von den beiden ehemaligen Wärterhäuschen. Sie scheinen Schutz zu suchen in seiner Nähe und kauern sich an den Fuß des großen Bruders, des mächtigen und unerschütterlichen Wegweisers. Nicht, dass es die architektonische Leistung wäre, die den Zauber des Leuchtturms ausmacht; es ist wohl eher die stoische Gelassenheit und die Unerschütterlichkeit, die das Wesen des Leuchtturms bestimmt. Leuchttürme ermöglichen eine Ortsbestimmung und helfen den Suchenden, ihre Position einzuschätzen. Ihre Lichtfinger streifen über das Meer und die Umgebung und vermitteln den Seeleuten das Gefühl, nachts nicht allein zu sein in der dunklen Weite des Meeres.

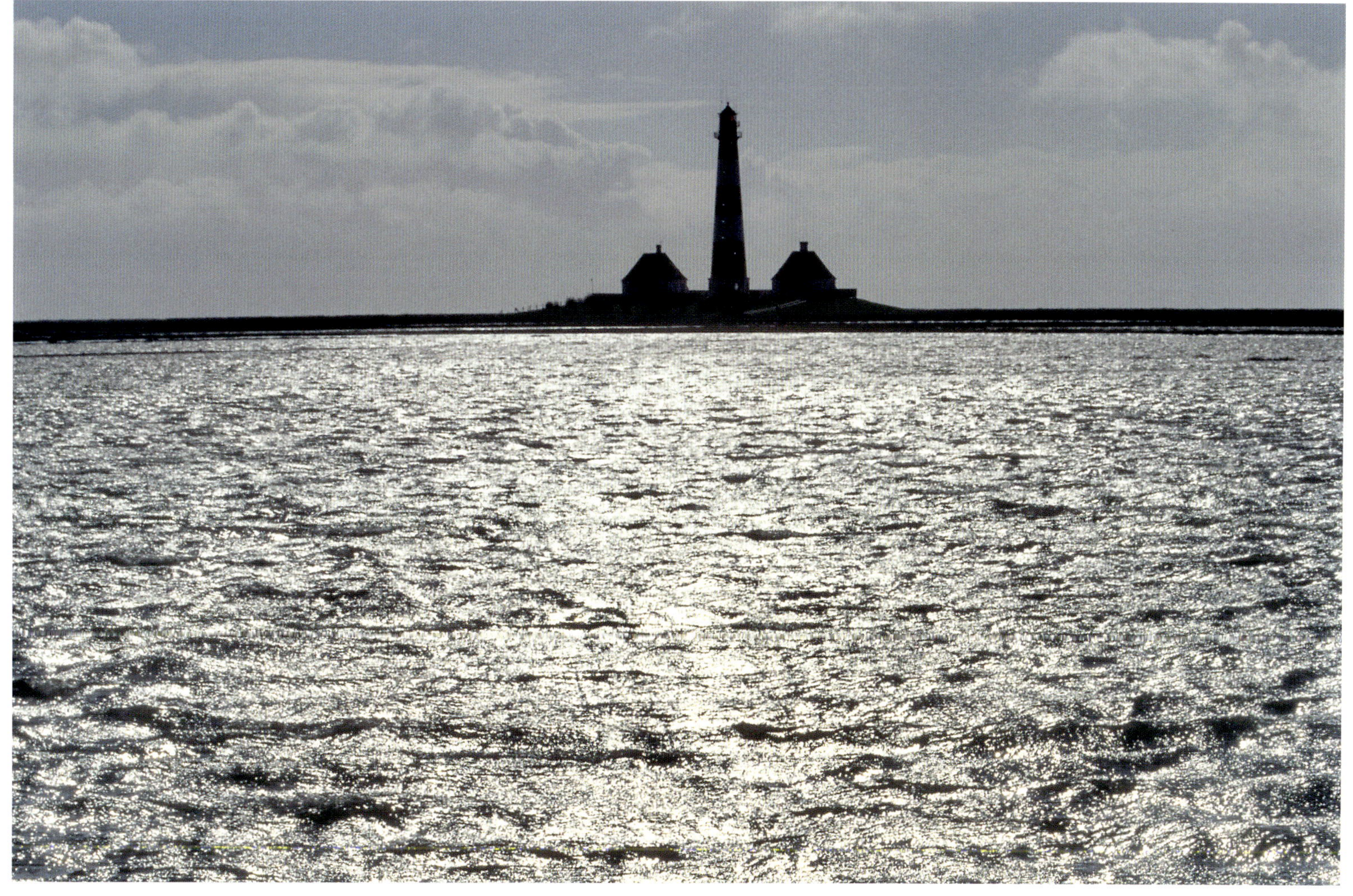

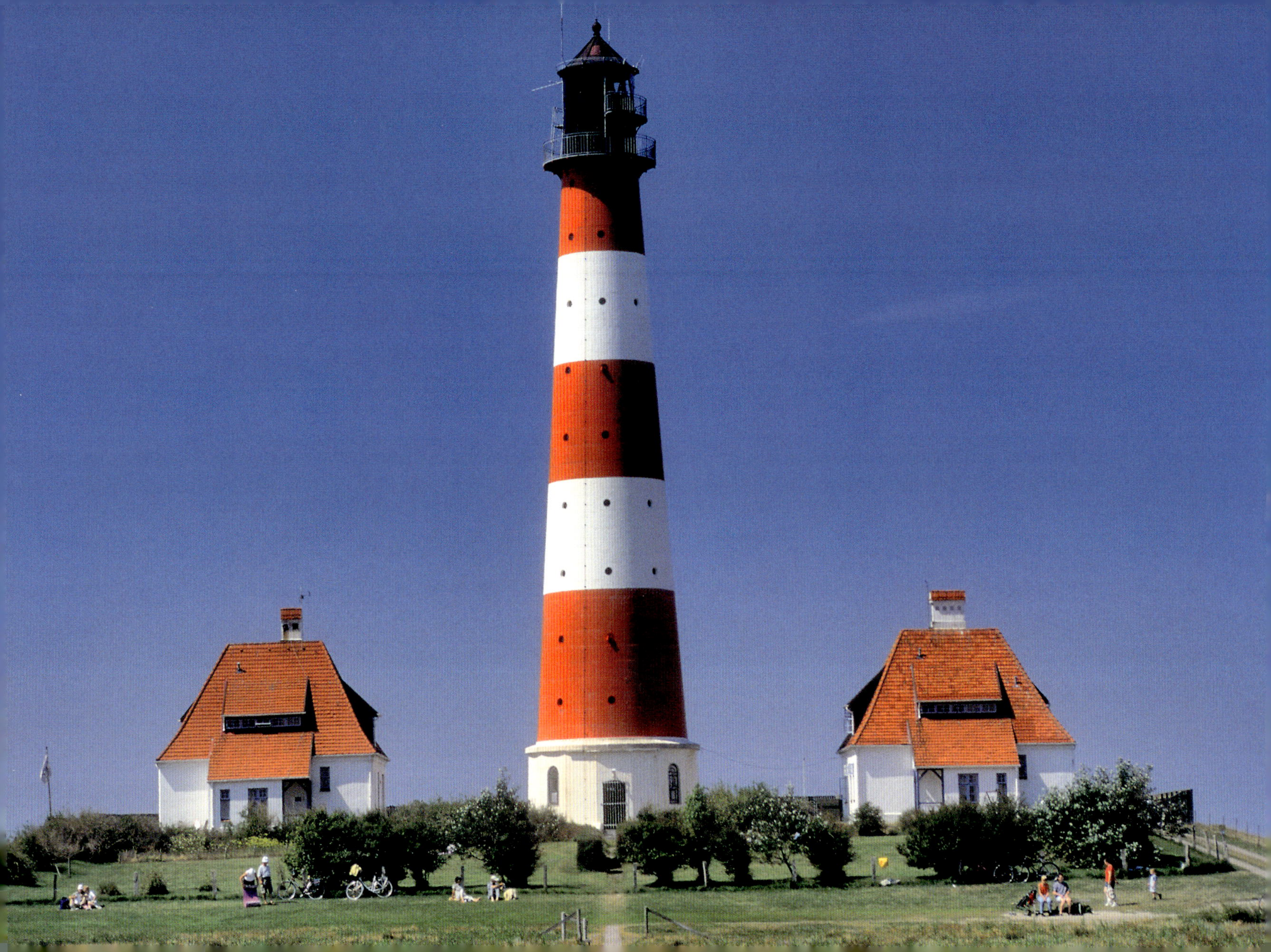

Ausdruck

Wer sich ihrer Botschaft anvertraut, wird sicher in den schützenden Hafen geleitet. Das Wahrzeichen von Westerhever ist gleichermaßen Beispiel für Beständigkeit wie auch Veränderung, denn keine Ansicht und kein Tag gleichen dem anderen. Die Jahreszeiten, das ständig wechselnde Wetter und sich dauernd ändernde Sonnenlicht sind es, die eindrucksvoll wechselnde Szenen, Farben und Stimmungen erzeugen, wie sie der deutsche Expressionist Emil Nolde meisterhaft und dramatisch malte und wie sie Michael Pasdzior eindrucksvoll in seinen Fotografien festhält. Seit über dreißig Jahren begleitet er den Turm durch alle vier Jahreszeiten und nimmt uns mit auf eine außergewöhnliche Sinnesreise, die uns in ihrer individuellen Bildsprache immer wieder aufs Neue überrascht. In diesem Buch kommt vor allem auch die grenzenlose Leidenschaft für seinen Beruf zum Tragen. Diesen Enthusiasmus habe ich schon immer an ihm bewundert, wie er hartnäckig über einen langen Zeitraum an einem Thema arbeitet, bis er endlich mit dem Ergebnis zufrieden ist. Der Fotograf Michael Pasdzior leistet mit der hier vorliegenden Arbeit eindrucksvoll das, was Hermann Hesse einst der Kunst attestierte: „Es ist das Wesen der Kunst, dass sie die Wirklichkeit zu gesteigertem Ausdruck bringt."

Es ist das Wesen der Kunst, dass sie die Wirklichkeit zu gesteigertem Ausdruck bringt

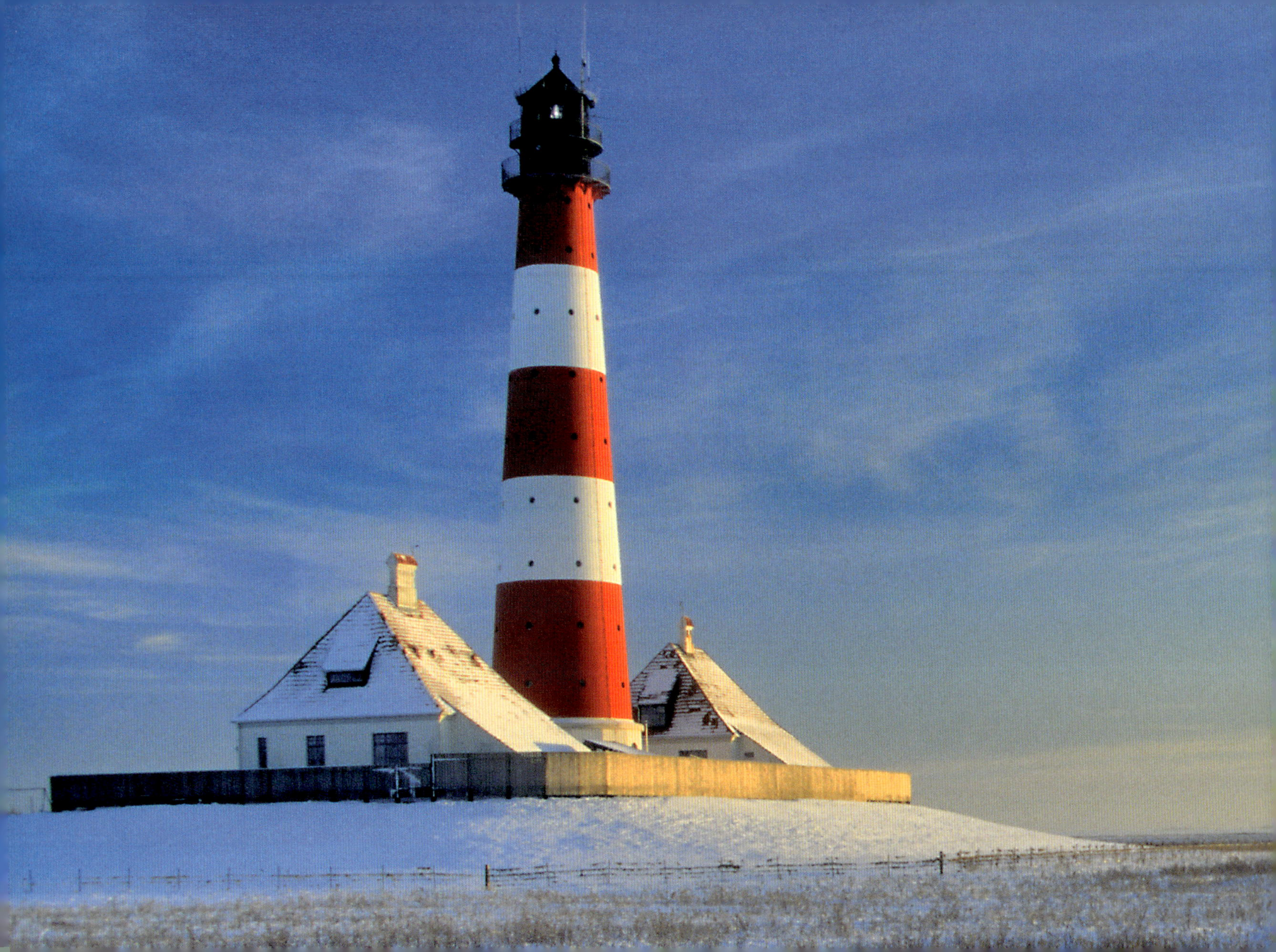

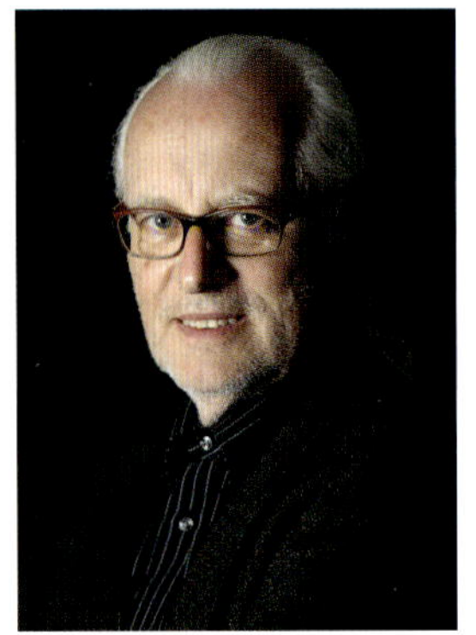

Michael Pasdzior

Michael Pasdzior begann ab 1980 als freier und selbstständiger Fotograf zu arbeiten. 1984 wurden seine Bilder auf der photokina unter den „Entdeckungen" gezeigt. Die renommierte Fotoagentur The Image Bank, heute Getty Images, nahm ihn unter Vertrag. Zahlreiche Veröffentlichungen seiner Fotos in renommierten Zeitschriften wie ZEITmagazin, Merian, GEO Special, Vogue, Süddeutsche Zeitung Magazin und Architectural Digest folgten. Bis heute publizierte er mehr als 40 Bücher bei bekannten Verlagen.

Seine Bilder werden häufig in Ausstellungen präsentiert. Unter anderem wurden sie im Münchner Stadtmuseum, dem Goethe- Institut und im Internationalen Maritimen Museum Hamburg gezeigt. Mit einigen seiner Fotos ist er in der Photographischen Sammlung des Museums für Kunst und Gewerbe in Hamburg vertreten. Seit 20 Jahren ist er aktives Mitglied der Künstlervereinigung „Kunstklima" auf Eiderstedt und im Berufsverband FREELENS.

pasdziorphotoart.de
pasdziorphoto.de
michaelpasdzior.kulturserver-hamburg.de

Er sei ein Jung' von der Küste, sagt Jens Meyer-Odewald über sich selbst. 1957 in Bremen geboren und aufgewachsen, wechselte er 1977 in die größere Hansestadt Hamburg. Einen Sommer verbrachte er gemeinsam mit seiner Familie auf einem Bauernhof in der Nähe von Tönning. Ein Ausflug erfolgte (natürlich!) zum Leuchtturm Westerheversand. Die Begeisterung für dieses faszinierende Bauwerk wurde mit nach Hause genommen. Jens Meyer-Odewald arbeitet seit 1989 als Chefreporter für das Hamburger Abendblatt. Neben einem Buch über das Ehepaar Loki und Helmut Schmidt schrieb er unter anderem Biografien über Helmut Schmidt, Uwe Seeler, Heidi Kabel sowie die Unternehmer Eugen Block und Albert Darboven. Ein Band über die Reeperbahn-Kaschemme „Zur Ritze" bildet zu diesen einen lebendigen Kontrast.

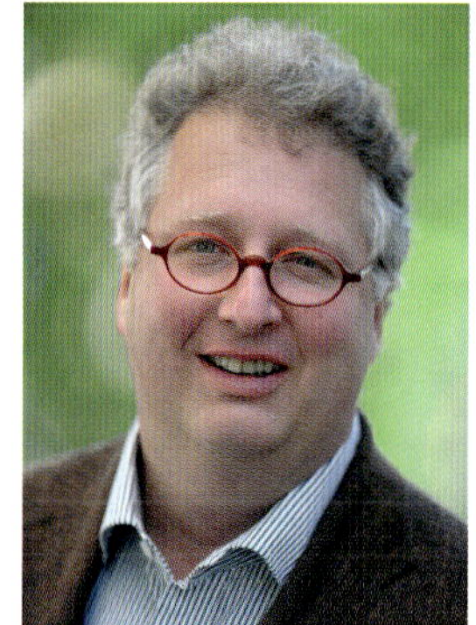

Jens Meyer-Odewald

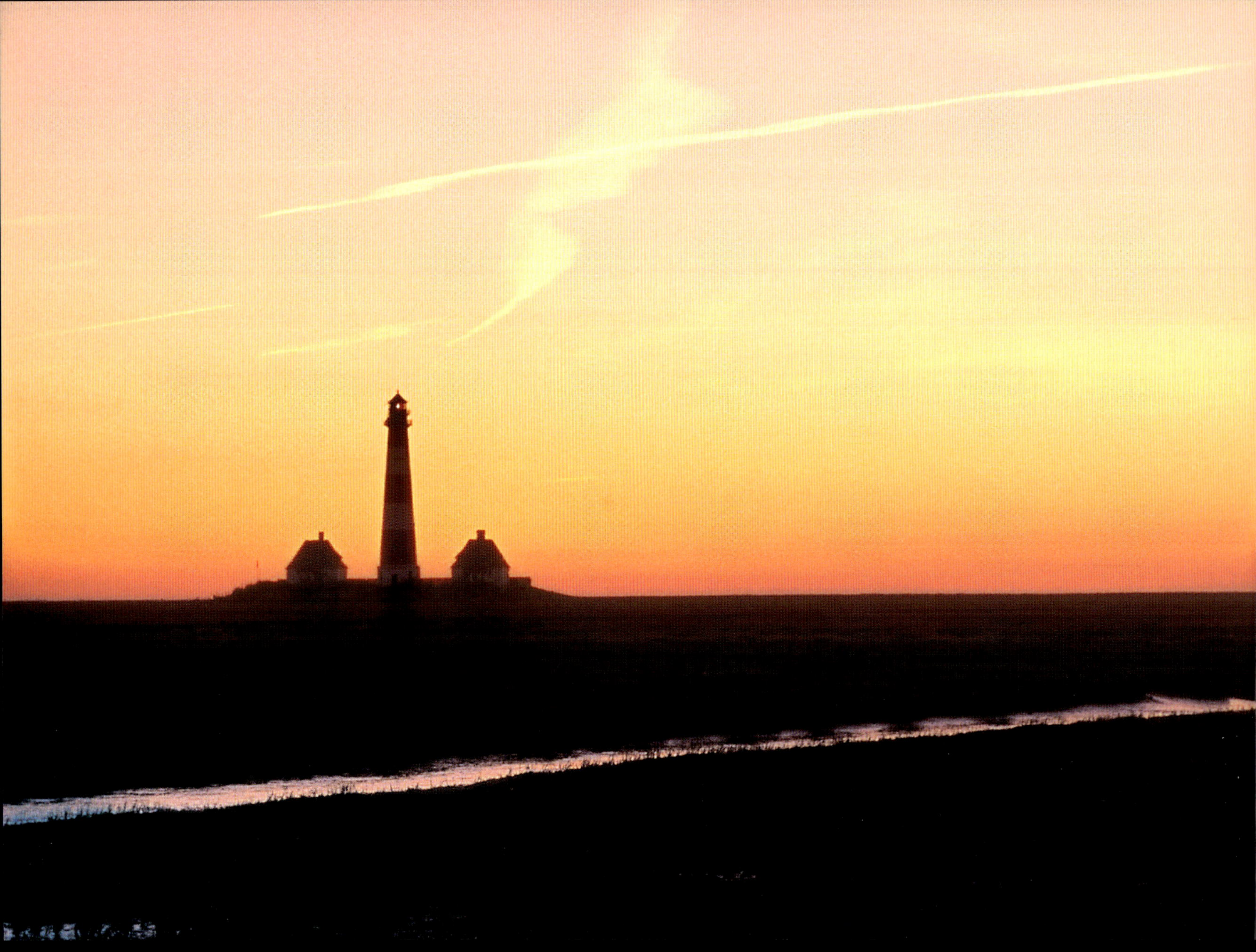

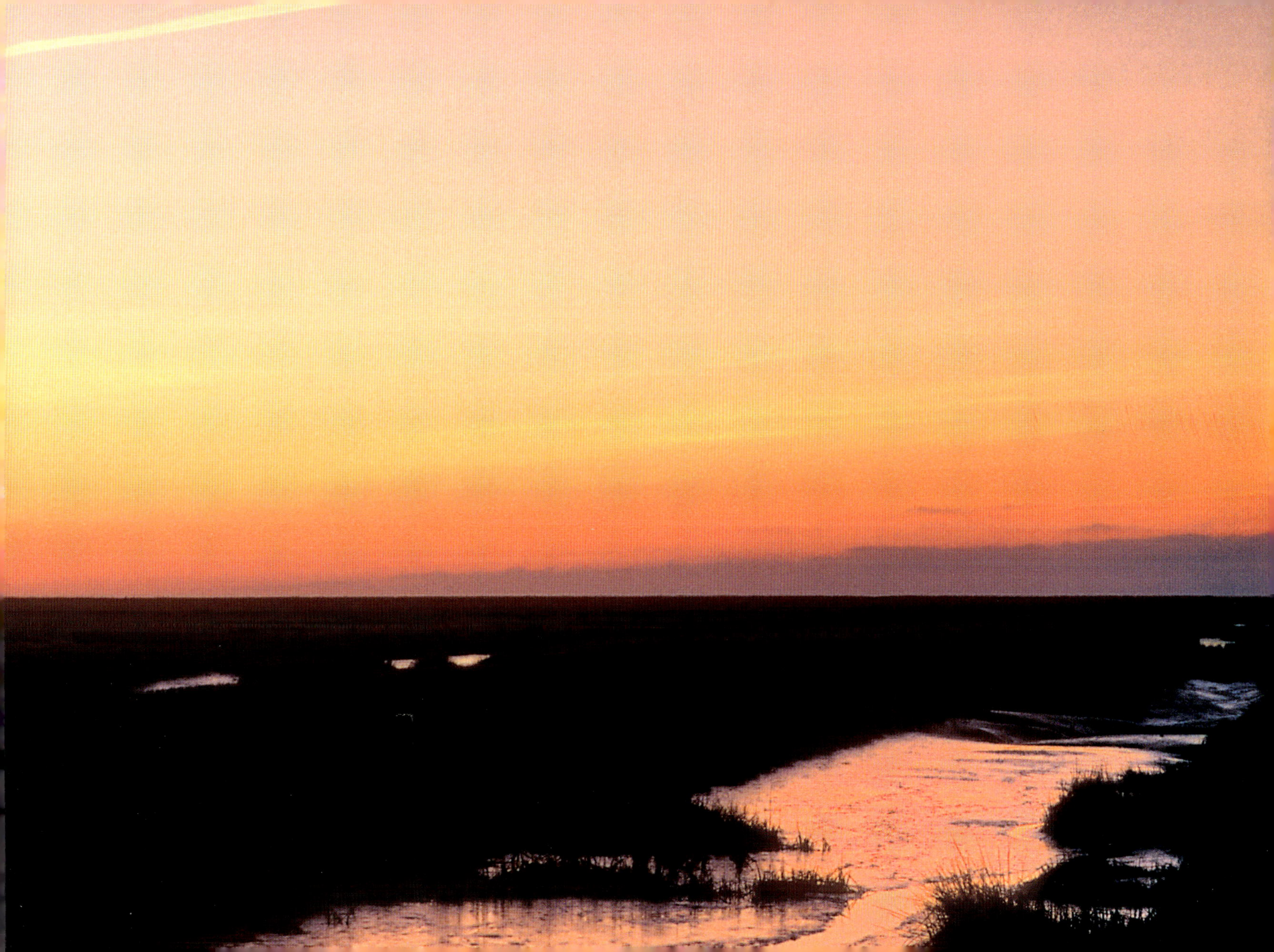

Umschlaggestaltung unter Verwendung von Motiven aus dem Buch

Bibliografische Information der Deutschen Nationalbibliothek

Die Deutsche Nationalbibliothek verzeichnet diese Publikation in der Deutschen Nationalbibliografie; detaillierte bibliografische Daten sind im Internet über http://dnb.dnb.de abrufbar.

Text: Jens Meyer-Odenwald, Prof. Dr. Dr. h. c. Peter Ehlers, Rainer Rettinger
Fotografie: Michael Pasdzior, www.pasdziorphotoart.de

Gesamtherstellung: Husum Druck- und Verlagsgesellschaft
Postfach 1480, D-25804 Husum – www.verlagsgruppe.de

ISBN 978-3-89876-878-8